決定版127レシピ

おやつの時間にようこそ

有元葉子
Yoko Arimoto

Tea time

集英社

prologue

はじめに

おいしいお菓子屋さんに入ると、「うーん、いいにおい！」と思わず言ってしまいます。バターや卵のよいにおいのするお菓子屋さんは間違いなくおいしく、幸せな気持ちになります。子どもたちが学校から帰ってきたときも、家の中においしそうなお菓子を焼くにおいがしたらどんなにうれしいでしょう。

そんな思いもあって、専業主婦だったときに、おやつは手作り、と決めました。そのためにはきちんと教わりたくて、お菓子教室に熱心に通った時期もありました。習ったお菓子を絶対マスターしようと、毎日のように同じお菓子を作り続けて、娘たちから「もう、違うのにしてちょうだい！」と言われたことも、今では懐かしい思い出です。お菓子作りは、子どもよりむしろ私のよい思い出になっているのかもしれません。

実は、お菓子作りは私の最も苦手とする分野なのです。よく失敗しますし、甘いものは少し食べたら満足してしまいますので。それでも、やはりおやつの時間やデザートタイムは欠かせない大切な時間です。これは、私の子ども時代の思い出に深くつながっているからでしょう。私が子どものころ、毎日のお三時はお抹茶とお菓子でした。お茶の時間には御近所さんに「お茶ですよー」と声をかけるのは私の役目でした。おしゃべりしながら皆と過ごす楽しいお茶の時間の記憶は、私の心の栄養になっています。お茶やお菓子を介して、時をともに過ごす楽しみはやはり大切なものなのですね。

手作りのお菓子が、人と人の橋渡しをしてくれることも。お菓子を焼いたから一緒にお茶しましょ、とお友達や御近所の方をお誘いするのもいいのではないかしら。

contents

目次

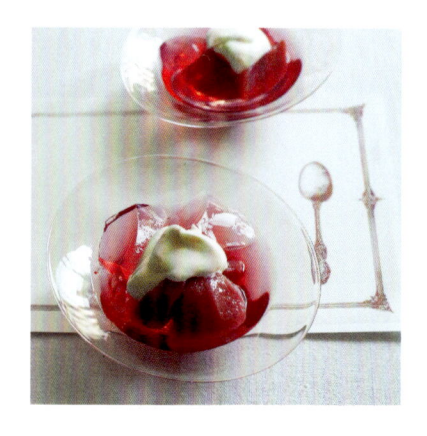

Part2

Part3

どの季節でも！ 冷たいデザート

Part4

卵たっぷりのカスタード

Part7

砂糖について

この本では、いくつかの種類の砂糖を使っています。グラニュー糖、上白糖、粉糖、メープルシロップ、メープルシュガー、和三盆糖、氷砂糖など。それぞれ、味、溶け方などに特徴がありますので、ここに少し述べておきます。砂糖と書かれているものは、基本的にどの砂糖でもけっこうですが、あえて名前を書いてあるものは、その特徴を生かしているので、その砂糖を使っていただければと思います。

グラニュー糖

精製度が高いので、糖度はこの中では一番強いが、あっさりしていて、雑味のないすっきりした味。お菓子作りには一番よく使われる。果物を煮たり、スポンジの生地や、カラメルソースにも。溶けにくく、ザラザラした食感を生かして、生地にふって焼いたりしても。熱を加えず溶かしたいときには上白糖か粉糖がよい。

上白糖

この中ではグラニュー糖の次に精製度が高い、一番一般的な砂糖。しっとりしており、溶けやすいので、生クリームを泡立てたり、バターとすり混ぜたり、卵の白身を泡立てたりするときによく使う。

粉糖

グラニュー糖を粉砕して細かくしたものなので、純度が高く、溶けやすい。生クリームやチーズと練り合わせたり、クッキー生地に使ったり、白身の泡立てにも。でき上がりに茶こしでふるいながらかけて、あしらいにするときにもよく使う。湿気で固まらないよう、コーンスターチが3％入っているものが多い。

メープルシロップ

サトウカエデの樹液を煮つめたもの。一番色の淡いエキストラ・ライトが、味がすっきりしていておすすめ。ミネラルが豊富で風味がある。フレンチトーストやパンケーキはもちろん、シロップとしてラム酒やブランデー、ウイスキーなどを加えて風味をつけても。

○計量の単位は
1カップ……200mℓ
大さじ1……15mℓ
小さじ1…… 5mℓ

○オーブンは電気オーブンを使用しています。機種によって、また、ガスオーブンの場合も機能がそれぞれ違いますので、様子を見ながら加減してください。

メープルシュガー

サトウカエデの樹液を煮つめて固体になるまで濃縮されたもの。ミネラルが豊富で上品な甘みがあり、風味豊か。砂糖の代わりにケーキ類に入れると、コクのある風味豊かな味に仕上がる。グラニュー糖や上白糖の代わりに使うときは、糖度がやや低いので、少し多めに使う。揚げ菓子などの上からふりかけてもおいしい。

和三盆糖

日本独特の伝統の作り方による。粉糖のようにきめ細かく、糖蜜が残っているため色が淡くついている。口どけがよく、上品でほんのりコクのある甘さがあり、色合いもきれいなので、もともと和菓子によく使われるが、近ごろでは洋菓子にも使われる。

氷砂糖

グラニュー糖から作られる結晶状の砂糖。あっさり上品な味で、あずきを煮るときなどに使う。また果実酒を作るときには欠かせない。浸透圧の作用で果実のエキスを引き出す。

バターについて

焼き菓子の味はバターで決まるので、ぜひおいしいバターを使ってください。有塩バターは塩気の強いものが多いので、クッキーやバターケーキ類には食塩不使用のバターに塩をひとつまみ入れて使います。ヨーロッパでは発酵バターが多く、手に入れば発酵バターで作っても。

ベーキングパウダーについて

ケーキやクッキーを柔らかく膨らませるためにごく少量使いますが、しっかり泡立て、泡を消さないように混ぜることに慣れたら、使わなくてもOKです。多めに使うと、膨らみますが、かたく、風味のない生地になってしまいます。また、パンケーキなどの生地に混ぜ合わせたときには、すぐに焼きましょう。おいておくと膨らまなくなります。

Part 1

家族にもお客さまにも人気の
新しい味、懐かしい味

みんなが喜ぶスイーツ18品

娘たちが小さかったころ、学校帰りを焼きたてのお菓子の香りで迎えたくて、ケーキを焼いたものでした。シュークリーム、スポンジケーキ、スイートポテト、スフレなどをよく作りましたね。スフレは姪と私の大好物。大きく焼いていつも2人で食べたものです。また、わが家で欠かせなかったのが、食事の締めくくりのデザート。家族の夕食の支度をしながら作る簡単なものですが、ゼリーやプリン、フルーツを煮たものなど、口当たりが軽いお食後です。

ここでは、そんなおやつや、朝ごはんにもなるおなかにたまるものなどをご紹介します。甘いピッツァやエッギーブレッドなどは、イタリアやイギリスでヒントを得た、手軽にできるレシピです。

家庭で作るお菓子は、卵や牛乳、小麦粉、砂糖を基本材料に、余分なものを入れませんから安心です。バターをエキストラバージン・オリーブオイルに替えたり、砂糖は精製していないものに替えたり、お好みに合わせて替えてください。

この章では、家族はもちろん、お客さまや友人にも、何回もくり返して作ってきたお菓子の中から、わが家ならではの味を18品選びました。

煮汁はゼリーに、シャーベットに。
色鮮やかな夏らしい桃のデザート

1

桃のコンポートゼリー

Peach Compote Jelly

旬の桃が待ち遠しいわが家の人気デザート。ラズベリーを入れるのは、風味をプラスして鮮やかな色に仕上げるため。たくさん煮てきっちり密封して冷凍すれば2カ月くらいもちます。その場合は、皮と種を取ってザク切りにし、煮汁ごと冷凍します。凍らせた煮汁はシャーベットに。これも桃の香りいっぱいのおいしさです。

POINT ⓐ

シロップで桃とラズベリーを煮く
ずれしないよう、弱めの火で煮る。

POINT ⓑ

冷蔵庫で保存する場合は煮汁を必ずひたひたにして。

POINT ⓒ

沸騰させないよう温めた煮汁にふやかした板ゼラチンを加える。

POINT ⓓ

桃とゼリーを盛りつけ、煮汁を注ぐ。

●材料

〈桃のコンポート〉(作りやすい分量)	
桃	5～8個
ラズベリー	150～200g
グラニュー糖	5カップ
水	8カップ
〈桃のゼリーと仕上げ〉(4人分)	
コンポートの煮汁	3～4カップ
板ゼラチン	1.5g×4枚
生クリーム	100mℓ
砂糖	大さじ$\frac{2}{3}$

下準備

・流水で、柔らかい布を使って桃のケバを洗い落とす。
・板ゼラチンは、たっぷりの水に1枚ずつ入れ、柔らかくなるまで10～15分ふやかしておく。

●作り方

1 桃のコンポートを作る。水とグラニュー糖を鍋に入れて中火にかけ、グラニュー糖が煮溶けたら、皮ごとの桃とラズベリーを入れて、火を弱めて30分ほど静かに煮るⓐ。
2 そのまま冷まし、粗熱が取れたら、桃とラズベリーを取り出し、煮汁をふきんでこす。桃だけを煮汁に戻すⓑ。
3 ゼリーを作る。煮汁2カップを鍋に入れて煮立たせないように温め、板ゼラチンを加えて煮溶かすⓒ。ステンレス容器に移して粗熱を取り、冷蔵庫で2～数時間固める。
4 ②の桃も煮汁ごと冷蔵庫に入れ、冷やす。桃の皮をむき、食べやすく切る。
5 ④の桃を、③のゼリーとともに器に盛りつけ、煮汁1～2カップを注ぐⓓ。ラズベリーは使わない。
6 生クリームに砂糖を加えて七分立てにし、⑤に添える。

※〈桃と水、グラニュー糖の割合〉鍋にぴったり桃を入れ、ひたひたの水分量をはかる。砂糖の重さは水の65～70%。
※早く固めたいときは、容器を氷水で冷やす。その場合、煮汁1カップに対し、板ゼラチンを1枚プラス。

ハーブを加えてエスニック風に。
冷たくしていただく夏の味

2

すいかとレモングラス、ミントのデザート

Watermelon & Lemongrass & Mint in Wine Syrup

半分に切り、くりぬいたすいかに、赤玉ポートワインと小さく切ったすいかを入れたデザート——子どものころに食べた味です。その思い出から、白ワインにレモングラスとミントを加え、エスニック風のすいかのデザートを作りました。ワインはフルーティな白ワインがおすすめです。子どもたちにはワインの代わりにサイダーで。

POINT ⓐ

すいかは約3cm角に、きれいにそろえて切る。

POINT ⓑ

食べやすいように、竹串で断面に見える種を１個ずつ取る。

POINT ⓒ

切ったすいかは、シロップにつけて冷蔵庫でよく冷やす。

POINT ⓓ

仕上げにミントの葉を加えて、器に盛る。

●材料（４人分）

すいか	¼個
〈シロップ〉	
白ワイン	２カップ
グラニュー糖	¾～１カップ
ミント	ひとつかみ
レモングラス	３～４本

●作り方

1 シロップを作る。白ワインとグラニュー糖を鍋に入れて火にかけ、軽く温めてグラニュー糖を煮溶かし、冷蔵庫でしっかり冷やす。

2 すいかは食べやすい大きさ（３cm角くらい）に切りⓐ、断面の種を竹串で取りⓑ、ボウルに入れる。

3 ②に①のシロップを入れて冷蔵庫で冷やすⓒ。

4 ③にミントを加えて混ぜⓓ、器に盛る。適当な長さに切ったレモングラスを添える。

※シャンパンで作ってカクテル風にしても。

いちご、メレンゲ、生クリームを
混ぜるだけの英国伝統の簡単デザート

3

イートンメス

Eton Mess

イギリスの代表的なデザートです。フルーツの酸味、メレンゲのカリカリした食感、クリームのなめらかなコク、アーモンドの香ばしさが口の中で一体化します。名門イートン校が発祥で、メス(mess)とは「ごちゃ混ぜ」の意味。別々に大きな器に盛り、自分で取り分け、各自で「メス」するのも楽しい。メレンゲは作りおきしておくと便利です。

POINT ⓐ

卵白は粉糖を入れるたびに角がピンとなるまで泡立てるのがコツ。

POINT ⓑ

角がだんだんしっかりと、糸をひくように密になってきたらOK。

POINT ⓒ

大きいとなかなか火が通らないので、小さめに焼くほうがいい。

POINT ⓓ

生クリーム、いちご、メレンゲの混ぜ方はざっくりとがコツ。

●材料(4人分)

〈メレンゲ〉(でき上がり約60〜70個分)	
卵白	2個分(70g)
粉糖	85g
いちご	200g
砂糖	大さじ2
生クリーム	200mℓ
細切りアーモンド	適量

下準備

・オーブンを85℃に予熱する。
・オーブンペーパーを天板にのせ、四隅に水をつけて、しっかり天板に留める。

※メレンゲは乾燥剤を入れた保存容器に。常温で1〜2カ月ほどもつ。
※フルーツはベリー類や桃でも。

●作り方

1 メレンゲを作る。卵白をハンドミキサーでざっと泡立て、粉糖大さじ1を加えⓐ、高速で泡立てる。角がピンと立ったら、さらに大さじ1を加え、泡立てる。同様に何度かくり返し、最後は低速にしてきめを整え、きめの細かいしっかりした泡になったらⓑ、絞り出し袋に入れる。
2 天板に卵白を絞り出す。親指大の小さめがよいⓒ。
3 85℃のオーブンで2時間半〜3時間焼く。焼き上がったら、天板の上で1時間ほど冷ますとはがれやすい。その後、クーラーの上で完全に冷まし、保存容器で保存。
4 アーモンドを120℃のオーブンで色づくまでローストする。
5 いちごはヘタを取り、ボウルに入れる。砂糖をまぶし、少しおいてからフォークでさっくりつぶす。
6 生クリームは、好みで砂糖大さじ1(分量外)を加えて七分立てにし、⑤のボウルに加える。メレンゲ10個ほどを手で割って加え、ざっくり混ぜてⓓ、グラスなどに盛り、アーモンドを散らす。

ゼリーもソースも丸ごといちご！
冬から春に作りたい一品

4

いちごゼリー
いちごソース

Strawberry Jelly & Sauce

いちごたっぷりのゼリーです。ゼリーは、いちご、レモン、砂糖だけでシンプルに作り、ソースには好みのリキュールを加えてもよいでしょう。ゼリーはなめらかに、ソースはいちごのつぶつぶの食感を残すよう仕上げてください。華やかな色合いはおもてなしの締めくくりのデザートにも。大鉢に作っても素敵です。

POINT ⓐ

いちごと砂糖をなめらかになるまで撹拌する。

POINT ⓑ

ふやかした板ゼラチンは、湯を沸騰させずに溶かすこと。

POINT ⓒ

溶かしたゼラチンが中で固まらないようかき混ぜながら加える。

POINT ⓓ

氷と水で冷やせば、1時間ほどで固まる。左下※を参照。

●材料（50mℓの型8個分）

いちご（ヘタを取る）	400g
砂糖	½カップ
レモン	½個
板ゼラチン	1.5g×5～6¼枚
水	⅓カップ
〈ソース〉	
いちご	200g
グランマルニエ	適量
生クリーム	100mℓ
砂糖	小さじ1½

下準備

・板ゼラチンは、たっぷりの水に1枚ずつ入れ、10～15分ふやかしておく。
・ゼリー型は、水にぬらしておく。
※氷水で冷やしてゼリーを早く固めたい場合は、板ゼラチンを液体1カップにつき1～1½枚増やす。

●作り方

1 いちごと砂糖をミキサーでなめらかになるまで撹拌するⓐ。ボウルに入れ、レモン汁をしぼり入れ、分量をはかる。いちご液1カップにつき板ゼラチン2½枚が目安。
2 鍋に水を入れて温め、板ゼラチンを加えて沸騰させないように煮溶かすⓑ。
3 ①のボウルに②のゼラチンを少しずつ固まらないようにかき混ぜながら加えⓒ、泡が浮いていたらすくい取る。
4 型に流して、冷蔵庫で2～3時間冷やし固める（氷水で冷やすと、早く固まるⓓ）。
5 ソースを作る。いちごはつぶつぶ感を残すように、グランマルニエを加えてミキサーで撹拌する。いちごの酸味が強い場合は、砂糖適量（分量外）を加える。生クリームに砂糖を加えて七分立てにする。
6 ゼリーが固まったら、ボウルに湯を入れ、型ごと少しの間ひたして、皿に返す。⑤のいちごのソースをまわりに流し、生クリームを添える。

季節のおいしいフルーツを使って。
温かくても冷たくしてもおいしい

5

フルーツのグラタン

Fruit Gratin

娘たちが小さいころ、土曜日の午後に姉がピアノを教えに来てくれていました。そのときのおやつに、これをよく作ったものです。フルーツは焼いておいしいものなら何をのせてもOK。いちご、さくらんぼ、いちじく、ネクタリン、夏みかん、ブルーベリー、ぶどう、洋梨、マンゴーなど。ミックスして大きな耐熱皿で焼いてもいいでしょう。

POINT ⓐ

卵は白身を切るようによく溶いてから、牛乳液を少しずつ加える。

POINT ⓑ

卵液をなめらかに仕上げるために、必ずざるでこして。

POINT ⓒ

フルーツが沈まないように半量の卵液を一度焼いて固める。

POINT ⓓ

フルーツを並べて、残りの卵液を注ぐ。

●材料（11×16×３cmの耐熱皿３枚分）

薄力粉	大さじ１½
砂糖	40〜50ｇ
牛乳	150mℓ
卵	３個
コアントロー	大さじ２
プルーン・オレンジ・ラズベリー	各適量
バター	適量

下準備

・卵、牛乳は室温に戻しておく。
・薄力粉をふるっておく。
・耐熱皿にバターをぬる。
・オーブンを170℃に予熱する。

●作り方

1 粉と砂糖を混ぜ合わせ、牛乳を加え、泡立て器で混ぜる。
2 別のボウルで卵をよく溶く。①を少しずつ加え、泡立て器で混ぜ合わせるⓐ。コアントローを加えて軽く混ぜる。
3 ②をざるでこすⓑ。
4 バットに耐熱皿を入れ、それぞれの皿の半分まで③の卵液を入れるⓒ。
5 バットに熱い湯を張り、170℃のオーブンで６〜７分ほど焼く。
6 プルーンは縦半分に切り、種を取り、さらに半分に切る。オレンジは皮をむき、ひと房ずつに分けて薄皮をむく。
7 ⑤をオーブンから出し、少し固まった生地の上に⑥とラズベリーを並べ、残りの卵液を注ぐⓓ。
8 170℃のオーブンで20分ほど焼く。縁の卵液が盛り上がって、耐熱皿から離れたらでき上がりのサイン。

※ほかに、甘く煮たりんご、ドライプルーン、ドライアプリコット、レーズンでも。ドライのものは、水につけて戻して、もしくはさっと煮てから使うとよい。

紅玉の季節には必ず作りたい、
香ばしさが魅力の煮りんご

6

りんごのカラメル煮

Caramelized Apples

あっという間にできるりんごのデザートです。カラメルの味とりんごの煮え加減は、お好みで調節してください。熱々にアイスクリームを、または少し冷ましてホイップした生クリームを添えても。私はチーズと盛り合わせて、ワインと楽しんだりしています。冷凍保存しておけば、パイやケーキのフィリングにもなります。

POINT ⓐ

りんごの色止めと味を引き締めるために、レモン果汁を加える。

POINT ⓑ

砂糖の焦げ具合は好みで。カラメル状になったらバターを投入。

POINT ⓒ

バターが完全に溶けたら、すぐにりんごを入れて炒める。

POINT ⓓ

りんごはかためがよければ、まわりが透き通ったら火を止める。

●材料（４人分）

りんご（紅玉）	2個
レモン	1個
グラニュー糖	70g
バター（食塩不使用）	60g
バニラアイスクリーム	適量

●作り方

1 レモン果汁をしぼるⓐ。
2 りんごは皮つきのまま8つ割りにし、芯を取り、ボウルに入れてレモン汁をまぶす。
3 浅い鍋にグラニュー糖を鍋底に広げるようにして入れて強めの中火にかけ、かき回さないで熱し、少し焦げてきたら、鍋をゆすり、均等にカラメル色になるように焦がす。
4 ③にバターを加えてⓑ、溶けたら、②のりんごを入れてⓒ、まわりが透き通るくらいに炒めるⓓ。好みでもっと柔らかくなるまで火を入れてもよい。
5 熱々を器に盛り、アイスクリームを添える。ホイップクリームを添えても。

焼いたさつまいもを使って作るから、
いっそう甘くて香ばしい味わいに

7

スイートポテト

Sweet Potato

娘たちのおやつによく作ったお菓子です。使うさつまいもは鳴門金時のようなホクホクタイプがおすすめ。生クリームを加えることで、クリーミーな仕上がりになります。生クリームの量は、おいもの状態によって加減してください。さつまいもを焼くときに焼き汁が出るので、アルミホイルを敷いて。洗いものはなるべく少なくしたいですものね。

POINT ⓐ

さつまいもは、串を刺してスーッと通れば焼き上がり。

POINT ⓑ

皮は器にするので、内側は厚めに残しておく。

POINT ⓒ

卵は黄身だけを加える。さつまいもが温かいうちに撹拌する。

POINT ⓓ

小さいへらで皮に押し込むようにたっぷり盛る。

●材料（6～8人分）

さつまいも	4本（約1.1kg）
バター（食塩不使用）	70g
砂糖	100g
卵黄	2個分
生クリーム	⅓カップ
卵黄（照り用）	1個分
メープルシロップ（あれば）	大さじ1

下準備

・天板に汚れ防止のためのアルミホイルを敷く。
・オーブンを180℃に予熱する。

●作り方

1 さつまいもを天板に並べ、180℃のオーブンで1時間～1時間半焼くⓐ。オーブンに入るフライパンがあれば、アルミホイルを敷いて焼くとよい。皮が焦げるのが心配なら、アルミホイルをかぶせても。

2 さつまいもが温かいうちに縦半分に切り、中身をスプーンでくりぬき、フードプロセッサーに入れていくⓑ。くりぬくとき、皮を傷つけないように気をつける。

3 ②にバター、砂糖、卵黄、生クリームを加え、撹拌するⓒ。ホクホクとした食感に仕上げたければ、生クリームは少なめに。

4 皮に③を山盛りに詰めるⓓ。

5 天板にアルミホイルを敷き、④を並べ、照り用卵黄とメープルシロップを合わせて混ぜ、ハケでぬる。200℃に温めたオーブンで約15分、焦げ色がつくまで焼く。

※詰める量によって、でき上がり個数が変わる。

オリーブオイルで作ったシンプルなスポンジケーキ。
甘さ控えめなので軽食にもなります

8

オリーブオイルケーキ

Olive Oil Cake

スポンジケーキの材料のバターをオリーブオイルにかえたレシピ。全卵を泡立て、小麦粉とバターを加えて作るスポンジの生地は、フランス菓子では「ジェノワーズ」と呼ばれ、きめ細かくしっとりした食感です。甘さ控えめなので朝食にいただくことも。オリーブオイルは上質なものを使ってくださいね。

POINT ⓐ

湯せんのあとも高速でしっかり泡立て、最後は低速できめを整える。

POINT ⓑ

ふるった粉類をさらにふるいながら加えては混ぜる、をくり返す。

POINT ⓒ

オリーブオイルは生地の一部と前もってよく混ぜ合わせておく。

POINT ⓓ

生地をバットに流し、カードで四隅にも入れて平らにする。

●材料（21×25×4.3cmのバット１台分）

薄力粉	90g
ベーキングパウダー	小さじ⅓
卵	中３個
グラニュー糖	90g
牛乳	大さじ１
オリーブオイル	大さじ３

下準備

・薄力粉とベーキングパウダーを合わせてふるっておく。
・バットにオーブンペーパーを敷く。
・オーブンを170℃に予熱する。

※泡立てが十分にできていれば、ベーキングパウダーは入れなくてもよい。

●作り方

1 卵をボウルに割り入れ、グラニュー糖を加え混ぜる。湯せんにかけ、ハンドミキサーで高速で泡立てる。人肌より温かく（約40℃）になったら湯せんからはずし、室温に戻るまで高速で泡立てる。最後は低速にして、細かな泡にする。持ち上げると、盛り上がった部分が消えないくらいになったらＯＫⓐ。泡立てるのに10～15分かかる。

2 人肌に温めた牛乳を①に加える。下準備した粉を、３回に分けてふるい入れては混ぜるをくり返すⓑ。混ぜるとき、へらで底からすくうように、粉気がなくなるまでよく合わせる。

3 小さなボウルにオリーブオイルを入れ、②の生地を大さじ３ほど入れてよく混ぜ合わせるⓒ。

4 ③を②にふりまくように入れて、へらで底からすくうようにしてよく混ぜる。練らないように注意深く混ぜる。

5 バットに流し入れⓓ、バットごととんとんと軽く落とし、型になじませる。カードで表面を平らにする。

6 170℃のオーブンで25～30分焼く。串を刺して何もつかなければＯＫ。バットから出し、紙のまま網にのせて冷ます。

色鮮やかに煮上げた紅玉と
香ばしいナッツをのせて冬の訪れを味わう

9

りんごとくるみのケーキ

Apple & Walnut Cake

紅玉の季節になると甘煮を作ります。皮付きを赤い色を残して煮上げ、冷凍しておきます。りんごが新鮮であればあるほど、皮の紅色が鮮やかに出ます。ケーキには、紅玉の甘煮を、オレンジや洋梨の甘煮やバナナにかえてもいいでしょう。フルーツの酸味がきいて、甘み控えめ、あっさりしているので、朝食にいただくこともあります。

POINT ⓐ

バターに卵黄を1個ずつ加えるたびに、よく混ぜる。

POINT ⓑ

卵白の泡をつぶさないよう底からすくうように生地に合わせる。

●材料（21×25×4.3cmのバット１台分）

紅玉の甘煮	2½〜3個分
くるみ	50〜60ｇ
薄力粉	150ｇ
ベーキングパウダー	小さじ⅔
バター（食塩不使用）	70ｇ
塩	ひとつまみ
卵	3個
砂糖	80〜90ｇ
レモン	½個
アプリコットジャム	適量
グランマルニエ	適量

下準備

・紅玉の甘煮を作っておく（右記参照）。
・バターと卵は室温に戻す。
・薄力粉、ベーキングパウダーを合わせてふるっておく。
・バットにオーブンペーパーを敷く。

●作り方

1 ボウルにバターと塩を入れ、ハンドミキサーでざっとクリーム状にする。
2 砂糖を大さじ３残し、３回に分けて①に加え、バターが白くふわっとするまでよく混ぜる。
3 卵は卵黄と卵白に分ける。②に卵黄を１個ずつ加え、その都度１〜２分よく混ぜるⓐ。
4 別のボウルに卵白を泡立て、残した砂糖を大さじ１ずつ入れ、その都度、高速で角が立つまでよく泡立てる。
5 ④の泡立てた卵白と、粉類はふるいながら、それぞれ３回に分けて、③に交互に加えていく。卵白も粉もその都度、へらでボウルの底からすくい上げるようにしながら合わせるⓑ。粉類は粉気がなくなるまで合わせる。１回目に卵白を加えたときに、レモンの皮のすりおろしと果汁を加えて混ぜる。
6 くるみは140℃のオーブンで15分ほどローストし、⅓ほどの大きさに刻む。
7 バットに⑤を流し入れ、バットごととんとんと軽く落とし、型になじませる。紅玉の甘煮とくるみを上に並べ、175℃のオーブンで約35分焼く。
8 串を刺してみて、何もつかなければ焼き上がり。熱いうちに、アプリコットジャムをグランマルニエでのばして表面にハケでぬる。オーブンペーパーごとバットから出し、そのまま網にのせて冷ます。

〈紅玉の甘煮の材料と作り方〉
①紅玉は８つ割りにし、芯を切り取る。１個につきレモン汁大さじ２をまぶす。②平鍋に重ならないように並べ、１個につきグラニュー糖大さじ１½〜２を全体にふりかけ、30分ほどおく。③果汁が出てきたら、中火にかけ、さらに水分が出てきたら一度上下に返す。④焦がさないように、水分がなくなるまで手早く煮る。手早く煮ると形がくずれない。冷凍可。

バターの代わりに生クリーム。しっとりまろやかな
生地にあんずの甘煮の甘酸っぱさがベストマッチ

10

あんずケーキ

Apricot Cake

バターを入れず、生クリームを加えた珍しいレシピは、イタリアで7～8年前に見つけました。しっとり柔らかく、風味のあるケーキです。これに、いつも作っている干したあんずの甘煮をのせてみたら、すごくおいしい！　以来、お気に入りのケーキです。いちじくの赤ワイン煮、オレンジやりんごの甘煮をのせてもいいでしょう。

POINT ⓐ

卵は最初の量の5倍になるまで、よく泡立てる。

POINT ⓑ

あんずの甘煮は少しつぶつぶ感を残すように撹拌し、のせる。

●材料（21×25×4.3cmのバット１台分）

あんずの甘煮（P144参照）	20個
薄力粉	170ｇ
（または薄力粉140ｇ＋コーンスターチ30ｇ）	
ベーキングパウダー	小さじ⅔
塩	ひとつまみ
生クリーム	120mℓ
卵	3個
砂糖	70ｇ
〈仕上げ用ペースト〉	
あんずの甘煮	4～5個
煮汁・コアントロー	各適量

下準備

・卵は室温に戻しておく。
・薄力粉、ベーキングパウダー、塩を合わせてふるっておく。
・バットにオーブンペーパーを敷く。
・オーブンを175℃に予熱する。

●作り方

1 干したあんずの甘煮を、フードプロセッサーで細かくする。
2 生クリームを九分どおり泡立てる。
3 別のボウルに卵を割り入れ、ハンドミキサーでざっとほぐす。砂糖を２回に分けて加え、その都度高速で泡立てる。黄色からクリーム色のもったりした状態になり、一の字が書けるほどのかたさになるまでが目安。最後は低速にして、きめを整えるⓐ。
4 へらで②の生クリームを③に２回に分けて加え、底からすくうように合わせる。
5 粉類と塩をふるいながら２～３回に分けて加える。泡をつぶさないよう底からすくい上げるように、粉気がなくなるまで合わせる。
6 バットに⑤を流し入れ、バットごととんとんと軽く落とし、型になじませる。カードで表面を平らにする。
7 ①のあんずを均等にのせⓑ、175℃のオーブンで約35分焼く。
8 仕上げ用ペーストを作る。あんずの甘煮、煮汁とコアントローをフードプロセッサーで撹拌してペースト状にする。
9 ⑦に串を刺してみて、何もつかなければオーブンから出し、熱いうちに⑧のペーストをぬる。オーブンペーパーごとバットから出し、そのまま網にのせて冷ます。

※①の干したあんずの甘煮は、ペーストにせず丸のままでもよい。

卵と砂糖があればすぐにできる。
ふんわり膨れた焼きたてをどうぞ

11

グランマルニエのスフレ

Soufflé au Grand-Marnier

ふわーっと膨れた焼きたてをいただくのがスフレ。お菓子屋さんには並ばないので、楽しむには家で作るのがいちばんです。ご紹介するのは、オレンジのリキュールをたっぷりきかせた大人の味。姪と大きな器いっぱいに作り、2人でこっそり平らげた思い出があります。卵と砂糖さえあれば、すぐにできますから、ぜひ作ってみてください。

POINT ⓐ

卵黄と砂糖はもったりするまで泡立てる。溶けやすい上白糖を使用。

POINT ⓑ

砂糖は一度に入れるときれいに泡立たないので2回に分けて。

POINT ⓒ

メレンゲの泡がつぶれないよう、底からすくうように合わせる。

POINT ⓓ

膨らんで倒れることもあるので縁より少なめに詰める。

●材料(直径9×深さ6cmの耐熱容器4個分)

卵黄	3個分
上白糖(卵黄用)	大さじ2
薄力粉	小さじ2
グランマルニエ	大さじ2
卵白	4個分
上白糖(卵白用)	大さじ2
酒石酸	小さじ1
バター(型用)	適量
グラニュー糖(型用)	適量
粉糖	適量

下準備

・容器にバターをぬり、グラニュー糖をふっておく。
・オーブンを180℃に予熱する。

●作り方

1 ハンドミキサーで卵黄と上白糖を泡立てる。もったりとマヨネーズ状になったらⓐ、薄力粉とグランマルニエを加え、さらに泡立てる。
2 別のボウルに卵白をよく泡立てて、上白糖を大さじ1ずつ2回に分けて加えながら、その都度ピンとなるまで高速で泡立てるⓑ。卵白の泡をしっかり保たせる酒石酸を加えて混ぜる。最後は低速にして、きめを整える。
3 ②の卵白を①に3～4回に分けて加えて、その都度へらで、底からすくうようにしてよく混ぜるⓒ。
4 ③を容器の縁より少し下まで詰めるⓓ。
5 180℃のオーブンで約15分焼く。器によって焼き時間が異なるので、焼き上がりの目安は、ふわっと膨らみ、焦げ目がついたらOKサイン。焼き上がりに粉糖をふる。すぐにしぼむので、熱々を早くいただく。

小麦粉と卵があればすぐにできる、
イタリアのマンマのおやつとつまみ

12

パスタ生地の揚げ菓子

Fried Pasta

イタリアに、残ったパスタ生地をさっと揚げるお菓子があります。はちみつをかけるようですが、私は家族も大好きなメープルシュガーとシナモンをかけて甘くしたり、ハーブのパウダーと塩をかけて塩味にしたりします。メープルシロップをかけてもおいしいですよ。大皿に広げて盛ったり、小さい皿に重ねたり。盛りつけも楽しんでください。

POINTⓐ

粉に卵を混ぜ込み手でまとめる。卵が小さい場合は水を少し足す。

POINTⓑ

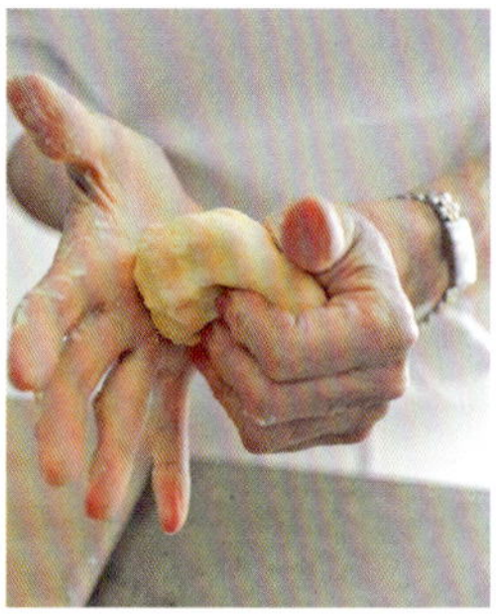

手やボウルに生地がつかないくらいの、耳たぶほどの柔らかさ。

POINTⓒ

くっつかないよう1個ずつラップに挟み、できるだけ薄くのばす。

POINTⓓ

油に入れたとたん、ぷっくりと膨らむので、1枚ずつ揚げる。

●材料（10枚分）

薄力粉	1カップ
卵	1個
揚げ油	適量
A（シナモンパウダー・メープルシュガーまたはグラニュー糖）	各適量
B（塩・ドライパセリ・ガーリックパウダー・フェンネルパウダー）	各適量

※作り方③の状態で冷凍保存可能。

●作り方

1 ボウルに薄力粉をふるい入れ、卵を割り入れる。カードか手で、粉に卵を混ぜ込みⓐ、生地をまとめる。
2 触って気持ちがいい感じになるまで両手でこねるⓑ。
3 ②の生地を表面がなめらかになるようにまとめ、ラップに包み、30分ほど落ち着かせる。
4 ③の生地を10等分して丸める。ラップ2枚でそれぞれの生地を挟み、めん棒でできるだけ薄くのばすⓒ。
5 揚げ油を170℃に熱し、④をカリッとするまで揚げるⓓ。
6 5枚にAをふり甘く仕上げ、残りにBをふり塩味に仕上げ、それぞれ器に盛る。

フルーツとチョコレートの甘みが魅力。
焼きたてのおいしさを味わってください

13

ピッツァ・ドルチェ

Pizza Dolce

焼きたてのピッツァをオーブンから運ぶと、チョコレートとフルーツの甘い香りに歓声が上がります。のせるのはチョコレートとチーズ、フルーツ。ベリー類のほか、いちじく、桃、ネクタリン、ぶどうなど加熱しておいしい果物が合います。チョコレートはブラックとホワイトを一緒にのせても。ブラックはカカオ70%のものがおいしいです。

POINT ⓐ

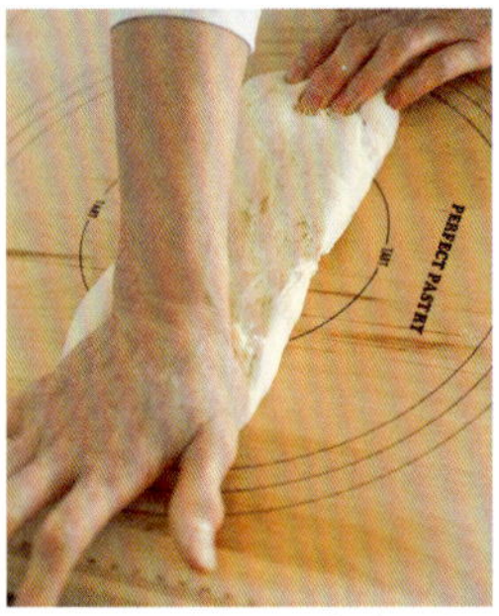

なめらかで弾力ある生地に仕上げるために手でもこねる。

POINT ⓑ

上にのせるチョコレート、チーズ、フルーツがソースの代わり。

●材料（直径20cm大のもの2枚分）

強力粉	130ｇ
薄力粉	70ｇ
ドライイースト	2.5～3ｇ
砂糖	大さじ⅔
塩	少々
オリーブオイル	大さじ1
ぬるま湯	½カップ
A（割ったブラックチョコレート・マスカルポーネチーズ・ラズベリー	各適量）
B（割ったホワイトチョコレート・マスカルポーネチーズ・ブルーベリー	各適量）
グラニュー糖・粉糖	各適量

下準備

・フードプロセッサーには、パンこね用の刃をセットする。

※少量なので、すべて手でこねてもよい。

●作り方

1 小麦粉とドライイースト、砂糖、塩をボウルに入れてよく混ぜてからフードプロセッサーに入れ、数回パルス操作（1～3秒押す）をして、混ぜる。これで「ふるう」ことになる。

2 ①にオリーブオイルを加え、数回パルス操作をする。

3 ②に、ぬるま湯を何回かに分けて加えては撹拌し、柔らかさを見ながら計3分ほどこねる（ぬるま湯は分量より多めに用意しておく）。

4 プロセッサーの側面や手に生地がくっつかず、少し粘りが出て耳たぶほどの柔らかさになったら取り出す。かたければ、さらにぬるま湯を加えてこねる。

5 ④の生地を取り出して、打ち粉はせず台の上でこねる。丸めては向こう側にのばし、手前に巻くことをくり返すⓐ。べたつく場合は打ち粉（分量外）を少々して、手につかなくなるまでこねる。

6 4～5分こねたら、きれいに丸めて、オリーブオイル（分量外）をぬった大きめのボウルに入れ、ラップをする。

7 暖かい場所（30℃くらい。冬は日の当たる窓辺など）に約1時間おき、約3倍に膨らむまで1次発酵させる。

8 膨らんだ生地の真ん中を握りこぶしでつぶし、カードで生地を半分に切り分けて丸め、それぞれ直径20cmほどの円形にのばす。

9 オーブンペーパーの上にのせて生地にラップをかけ、暖かい場所（約30℃）に約30分おき、休ませる。

10 オーブンに天板を入れて、250℃に予熱する。

11 ⑨の生地の1枚にAを散らし、もう1枚にBを散らすⓑ。それぞれ上からグラニュー糖をかける。

12 ⑩の熱い天板に、⑪をオーブンペーパーごとのせる。まず下段で生地の底面をよく焼き、まわりが色づいたら、中段に移して焼き上げる（計10分ほど）。

13 茶こしで粉糖をふって仕上げる。

パン生地で作る、具を巻き込んだパン。
甘くないおやつや軽いランチにどうぞ

14

サラミのトルターノ

Tortano

具をたっぷり巻き込んだおかずパン。このままピクニックにワインと一緒に持って出かけたりします。軽いランチや甘くないおやつにもなります。具はほかに、ドライトマトやチーズを薄切りにしたもの、ハーブや生ハムなどもおすすめ。甘くしたければ、ジャムや、シナモンパウダー＆砂糖もいいでしょう。

POINT ⓐ

生地の柔らかさは、触って手にくっつかなくなる感じで。

POINT ⓑ

向こう側5cmはフィリングをのせず、水をつけて、巻いて止める。

●材料（1個分）

強力粉	200g
薄力粉	100g
ドライイースト	5g
砂糖	大さじ1
塩	小さじ1
オリーブオイル	大さじ2
ぬるま湯	1カップ
フィリング（サラミの薄切り・あさつきの小口切り・ドライパセリ）	各適量

下準備

・フードプロセッサーには、パンこね用の刃をセットする。

●作り方

1 小麦粉とドライイースト、砂糖、塩をボウルで混ぜ、フードプロセッサーに入れ、数回パルス操作（1～3秒押す）をして混ぜる。これで「ふるう」ことになる。
2 ①にオリーブオイルを加え、数回パルス操作をする。
3 ②に、ぬるま湯を何回かに分けて加えては撹拌し、柔らかさを見ながら計3分ほどこねる（ぬるま湯は分量より多めに用意しておく）。
4 プロセッサーの側面や手に生地がくっつかず、少し粘りが出て耳たぶほどの柔らかさになったら取り出すⓐ。かたければ、さらにぬるま湯を加えてこねる。
5 ④の生地を取り出して、打ち粉はせず台の上でこねる。丸めては向こう側にのばし、手前に巻くことをくり返す。べたつく場合は打ち粉（分量外）を少々して、手につかなくなるまでこねる。
6 4～5分こねたら、きれいに丸めて、オリーブオイル（分量外）をぬった大きめのボウルに入れ、ラップをする。
7 暖かい場所（30℃くらい。冬は日の当たる窓辺など）に約1時間おき、約3倍に膨らむまで1次発酵させる。
8 膨らんだ生地の真ん中を握りこぶしでつぶし、なめらかに丸めて台にのせ、約35×15cmの長方形にのばす。
9 フィリングをのせる。向こう側の端5cmほどにはのせないようにし、手前から巻くⓑ。縁に水をつけ、指先でつまんで生地どうしをしっかりくっつける。
10 ⑨を輪にして、端と端に水をつけてくっつける。
11 天板にオーブンペーパーを敷き、⑨をのせて、生地にラップをかぶせ、暖かい場所（約30℃）に20～30分おき、休ませる。
12 ⑪に強力粉少々（分量外）を茶こしでふるいかける。
13 180℃に予熱したオーブンの下段に、熱湯を張ったバットを置く。中段で⑫を30～35分焼く。中心の太い場所に竹串を刺して、何もついてこなければ焼き上がり。網にのせて冷まし、適宜切り分ける。

in hot water.
2

溶き卵にひたして焼くだけのパンのおやつ。
卵の濃密な味を楽しみます

15
エッギーブレッド
Eggy Bread

イギリスではとてもポピュラーで、朝食やおやつに作るのだとか。食パンを溶いた卵にひたしてバターで焼くだけ。パンは胚芽入りでもよいですが、必ず普通の食パンを使います。バターを使うところを私はオリーブオイルで焼き、メープルシロップをかけていただきます。フルーツやジャムを添えてもよいでしょう。こんなに簡単でおいしいおやつ、知っておくととても便利だと思いますよ。

POINT ⓐ

卵は白身を切るように菜箸で一の字を書くように混ぜる。

POINT ⓑ

パンは普通の食パンを使う。胚芽食パンでも。溶き卵にひたす。

POINT ⓒ

パンに溶き卵がしみ込めばOK。両面と側面につける。

POINT ⓓ

パンが厚ければ、側面も焼く。中火で表面をカリッと焼き上げる。

●材料（1人分）

食パン（6枚切り）	1枚
卵	1個
オリーブオイル	適量
メープルシロップ	適量

●作り方

1 卵はバットに割り入れ、白身を切るように混ぜるⓐ。
2 食パンは半分に切り、①の卵液にひたしてⓑ、食パン全体にしっかり卵液をからませるⓒ。
3 フライパンを熱し、オリーブオイルをひく。中火で②を、表面が色づくまで両面焼く。パンの側面もよく焼くⓓ。
4 器に盛り、メープルシロップをかける。

※パンは普通の食パンを使用。胚芽食パンでもOK。
※メープルシロップはエキストラ・ライトがおすすめ。

薄甘でヘルシーなベトナムのおやつ。
夏は冷やして、冬は温かくしてどうぞ

16

緑豆とタピオカのおしるこ

Chè with Mung Bean & Tapioca

緑豆とフルーツさえあれば、作ることのできるデザートです。旅先のベトナムで出会って、その食感の楽しさとヘルシーさにはまり、私流のレシピで作っています。タピオカがなければ、白玉の小さなおだんごを作って加えてください。マンゴーの代わりにパイナップルや桃でも。夏は冷たくして、冬は温めて召し上がってくださいね。

POINT ⓐ

緑豆は皮が破れないようにたっぷりの湯で静かにゆでる。

POINT ⓑ

タピオカは熱湯からゆでる。半透明になったら冷水に取る。

POINT ⓒ

マンゴーは横にして、種のある真ん中部分を切り取る。

POINT ⓓ

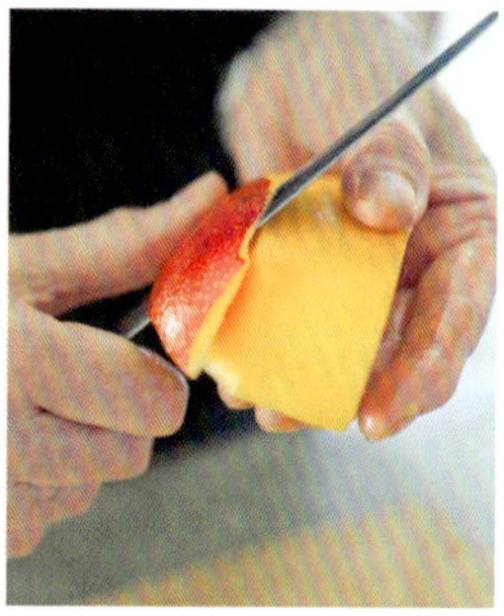

種のない部分は皮をむいてから、食べやすい大きさに切る。

●材料（4人分）

緑豆（ゆでたもの）	1カップ
パールタピオカ（大粒）	40g
マンゴー	100g
ココナッツミルク	1カップ
〈シロップ〉	
グラニュー糖	1カップ
水	1½カップ

下準備

・緑豆はたっぷりの水にひと晩つける。
・タピオカはたっぷりの水に3時間以上つけておく。

※緑豆は多めにゆで、残りは煮汁ごと冷凍するとよい。

●作り方

1 緑豆をざるに上げる。鍋に豆とたっぷりの水を入れて、最初強火で、沸騰直前に火を弱め、豆が躍らないように静かにゆでるⓐ。途中アクを取り、柔らかくなったら火を止める（豆にもよるが、通常40～50分ほど）。
2 タピオカは熱湯に入れて5分ほどゆでⓑ、半透明になったら冷水に取り、ざるに上げる。
3 シロップを作る。グラニュー糖と水を合わせて鍋に入れ、火にかけてグラニュー糖が煮溶けたら火を止めて粗熱を取り、冷蔵庫で冷やす。
4 マンゴーは、種のある真ん中部分を切り取りⓒ、皮をむいて食べやすい大きさに切るⓓ。
5 器に、緑豆、タピオカ、マンゴーを盛り、③のシロップを注ぎ、ココナッツミルクをかける。

ほの甘く、ふっくら煮上げたあずきは、
器にたっぷり盛ってスプーンでいただきます。

17

ゆであずき

Sweet Azuki Beans

わが家の冷蔵庫に、しょっちゅうストックしてあります。ゆっくり時間をかけて、ひたすらゆでる、これがコツといえばコツ。素材のよしあしがおいしさにつながりますから、上等な大納言あずきを使いましょう。あずきの繊細な味を生かすため、くせのない氷砂糖を使いますが、コクを足すために和三盆を少し加えます。

POINT ⓐ

食べてみて、舌でつぶせるほどの柔らかさにゆで上げる。

POINT ⓑ

あずきの繊細な味を生かすために、くせのない氷砂糖を使用。

POINT ⓒ

砂糖類の上にゆでたあずきを汁ごと入れると、氷砂糖が溶けやすい。

POINT ⓓ

木の玉じゃくしで片側に寄せるように混ぜると豆がくずれない。

●材料（作りやすい分量）

大納言あずき	300g
氷砂糖	270〜300g
和三盆糖	大さじ4
塩	ひとつまみ

下準備

・あずきは軽く洗い、たっぷりの水にひと晩つける。

●作り方

1 あずきをざるに上げ、鍋に入れて水をたっぷり入れ、中火にかける。沸騰したら、ざるに上げて煮汁を捨てる（この作業を「渋切り」と呼ぶ）。「渋切り」を同様に3回行う。
2 鍋に豆を戻し、たっぷりかぶるくらいの水を注いで、中火にかける。沸騰したら弱火にし、豆がゆで汁から出ないように、途中、適宜水を加えながら、柔らかくなるまで、2時間以上静かにゆでるⓐ。
3 別鍋に氷砂糖と和三盆糖を入れるⓑ。その上に②を汁ごと静かに入れⓒ、塩を加える。約20分、弱火にかけて砂糖を煮溶かす。このとき、決してかき混ぜないこと。和三盆糖のアクを取る。
4 木の玉じゃくしで鍋の片側に寄せるように混ぜて、味をなじませるⓓ。
5 煮汁ごと保存する。小分けして、煮汁ごと冷凍できる。

※豆のゆで時間は、豆の状態にもより、3〜4時間かかることもある。

色紙のような形が上品です。
濃厚な抹茶ソースをたっぷりからめて

18

色紙白玉の翡翠ソース

Shiratama with Green Tea Sauce

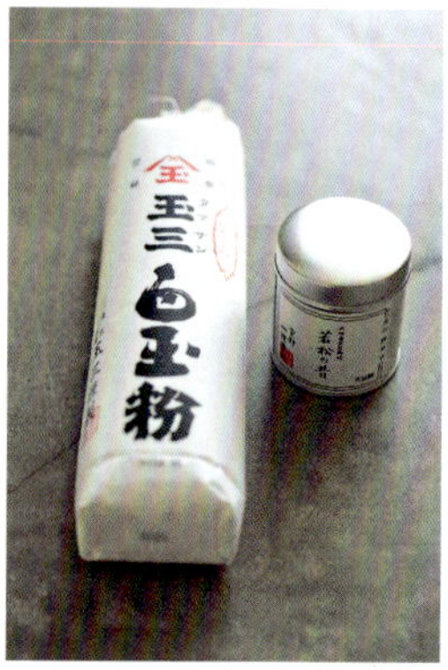

白玉といえば、愛らしい丸い形と決まっています。でも、いつも同じ形ではつまらないですね。形を変えたらどうかしら、と考えて作ってみたのがこれ。ツルンとした食感はそのまま、いつものおやつが上品なデザートになりました。冷やした抹茶のソースをたっぷりからめていただきます。夏にぜひ作ってみてください。

POINT a

抹茶と砂糖はまず熱湯少量で溶かしてから水を加えてよく混ぜる。

POINT b

ラップの間に挟み、めん棒でのばすとくっつかない。

POINT c

上のラップをはずし、ラップの上で4cm四方に切る。

POINT d

氷水に取ると、キュッと締まってツルンとした食感に。

●材料（4人分）

白玉粉	100g
水	適量
〈翡翠ソース〉	
抹茶	大さじ1
砂糖	大さじ3
熱湯	大さじ2
水	⅓カップ

下準備

・抹茶を茶こしなどでふるう。

●作り方

1 白玉粉をボウルに入れ、水90～100mℓを少しずつ入れて耳たぶくらいの柔らかさにこねてひとまとめにする。ラップをして20～30分おく。
2 翡翠ソースを作る。抹茶に砂糖をよく混ぜ合わせる。熱湯大さじ1を入れて、よく混ぜる。さらに大さじ1を加えて混ぜる。抹茶と砂糖が溶けたら、水⅓カップを加えてよく混ぜる。ダマができたら、茶こしでこし、冷やしておくa。
3 20cm四方のラップ2枚に①の生地を平らにして挟む。ラップの四方を折り込み、5mmの厚さにめん棒でのばすb。
4 上のラップを取り、4cm四方に切り分けるc。
5 沸騰した湯に1枚ずつ入れ、浮いてきたら氷水に取るd。
6 ⑤の水気をきって器に盛り、②の翡翠ソースをかける。

Part 2

みんなが最初に作りたいものばかり

覚えたい！ 基本の焼き菓子とパン

私はお菓子の専門家ではないので、決して上手ではありません。よく失敗することもあるけれど、めげずに何度も作ってきました。そんなふうにして、自分のレシピが少しずつできてきました。

娘たちが小さかったころ、リクエストされてよく作ったのは、特に変わったものではなく、基本的な焼き菓子やクッキーでした。スポンジケーキ、クッキー、パイ、バターケーキ、バットで作るケーキ、シンプルなパンなど、何度も作り続けるうち、小さな工夫が加わって、それがうちの味、私のレシピとなったのです。

ここでご紹介するのは、みんなが好きなベーシックなお菓子ばかり。最初はまず、レシピどおりに作ってみてください。何度か作って慣れてきたら、お好みの甘さにしたり、少しアレンジしてみては？ くり返し作り続けて、あなたのおうちの味を見つけてくださいね。

家事や子育てをしながら、お菓子を作るのはひと手間ですが、幸せな時間でもあります。お菓子作りは、料理とはまた違った楽しさがありますね。私のレシピは家庭で作るのに無理のないものなので、ぜひ気軽に試してみてください。

薄く焼くスポンジケーキ

手早く簡単に焼けて応用範囲も広い！　基本のスポンジ

私は四角い天板やバットを使って、スポンジケーキの生地を薄く焼きます。お菓子屋さんのような丸く厚いスポンジケーキは、お菓子の素人の私は、ちょっと苦手なのです。生地を薄く焼けば失敗することが少なく、15分もあれば焼けてしまうのでとっても簡単！　そのまま巻いてロールケーキにしたり、切って重ねてショートケーキに、小さく切ってトライフルにと、応用範囲はほんとうに広いですね。ぜひ、試してみてください。

今回ご紹介する生地の材料は、粉、グラニュー糖、卵にほんの少しの牛乳というシンプルなもの。卵を白身と黄身に分けず、全卵を泡立てて粉と混ぜて作る、共立て法というやり方です。卵液をきちんと泡立てて作れば、ベーキングパウダーが入らなくてもちゃんと膨らみます。

一番大切なのは、十分な泡立てと、泡をつぶさないように、しかもむらなく粉を混ぜること。はじめはひとつひとつ手順を追って、ていねいに作ってみてください。

「ケーキとたっぷりの果物&クリーム」はスポンジケーキ、果物、クリームを各自が好きなだけとっていただくうちでは人気のおやつ。いちごのショートケーキ風やロールケーキ、トライフルなど、さまざまに形を変えたケーキもご紹介します。薄く焼くスポンジケーキ一枚をマスターするだけで、おやつのレパートリーがぐんと広がりますよ。

ケーキとたっぷりの果物&クリーム

Cake with Fruit & Fresh cream

市販のショートケーキでは、サンドされた果物やクリームの量が物足りないと思うこともありますね。このスタイルは果物もクリームもたっぷり用意するので、各自が思いのまま、好きなだけいただけます。こんな楽しい食べ方と、作りたてのフレッシュ感は家庭のおやつならでは。フルーツは好みのものを組み合わせてください。

ケーキとたっぷりの果物＆クリーム
（薄く焼くスポンジケーキ）

生地を卵液（全卵）の泡の力で膨らませます。
泡立てのコツは最初は高速で、最後は低速にすると、
しっかりとしたきめの細かい泡ができます。

POINT● 湯せんからはずしたあと、生地を持ち上げると線がなかなか消えない状態になるまで泡立て続ける。

POINT● 粉を混ぜるときは、泡をつぶさないよう、手早く底からすくい上げるように混ぜる。

POINT● しっかり泡が立っていれば、粉とよく混ぜても大丈夫。逆に混ぜ足りないと、きめが粗くなる。

●材料（5～6人分）

〈薄焼きスポンジ〉（24cm四方の天板1枚分）	
薄力粉	90g
卵	3個
グラニュー糖	80～90g
牛乳（またはぬるま湯）	大さじ1
〈クリーム〉	
生クリーム	200mℓ
粉糖	大さじ1
〈果物〉	
キウイフルーツ、いちじく、ブルーベリー、ラズベリー、プラムなど、好みの果物	適量

下準備

- オーブンを170℃に予熱する。
- 牛乳は人肌くらいの温度に温めておく。
- 湯せん用に50～60℃の湯を用意する。

1

24cm四方の天板にオーブンペーパーを敷く。幅と高さに合わせてペーパーを切り、縁が立ち上がるように折る。四隅にはさみで切り目を入れ、すき間ができないように。

2

粉をふるっておく。薄力粉をざるに入れ、ボウルに2回ふるい入れる。

3

別の大きめのボウルに卵を割り入れ、ハンドミキサーで軽くほぐす。グラニュー糖を加えて混ぜる。このボウルが入る別のボウルか鍋に、湯せん用の湯（約50℃）を入れる。

4

グラニュー糖を溶かし、また、強い泡にするため、卵液は弱火で湯せんして泡立てる。白っぽくもったりとするまで4～5分泡立てる。卵液は人肌より温かい40℃弱になる。

5

湯せんからはずし、卵液が冷めるまで泡立てる。最後はミキサーの速度を低速に落とし、きめを細かく整える。持ち上げると字が書けるくらいの状態になればよい。

6

人肌くらいの温度に温めた牛乳をふりまくようにして加え、ハンドミキサーで軽く混ぜる。牛乳がない場合は、ぬるま湯でも。

7

②でふるっておいた粉を2～3回に分けて、⑥のボウルにふるい入れてはよく混ぜ、粉が見えなくなったらまたふるい入れていく(混ぜ方は⑧を参照)。

8

粉を加えるたびに、へらで、泡をつぶさないよう混ぜる。底のほうからすくい上げ、折り込むようにするのがコツ。混ぜ足りないときめが粗くなる。

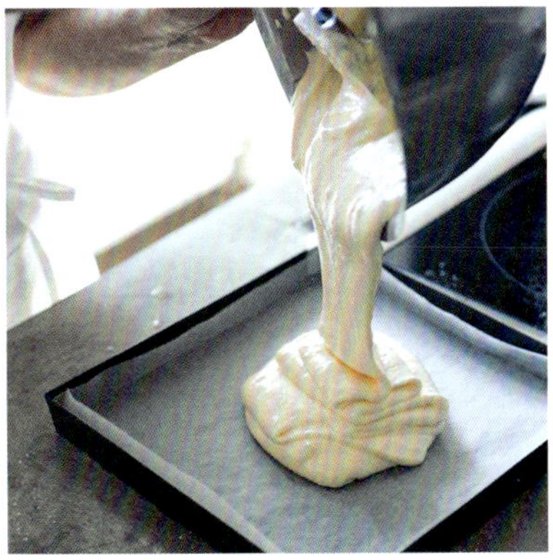

9

①の天板に⑧の生地を流し入れる。このようにリボン状に流れるのは、よい状態。天板の中央に流し入れ、あればカードなどで、生地を全体に広げていく。

10

角の部分が丸くならないように注意。同じ厚みになるよう、表面を平らにする。最後に天板を両手で持ち、軽くとんとんと底を打って表面の気泡をなくす。

11

170℃のオーブンの中段で、13～15分焼く。竹串を刺してみて、何もついてこなければ焼き上がり！　生地を焼いている間に、果物を食べやすい大きさに切る。

12

スポンジを天板から取り出し、クーラーにのせて冷ます。冷めたら、オーブンペーパーがついた状態のまま、まな板にのせる。

13

四隅から少しずつスポンジを持ち上げ、オーブンペーパーをはがす。裏返してはがす場合は、皮がはがれることがあるので必ずまな板の上にオーブンペーパーを敷く。

14

熱湯で包丁を温めながら、スポンジを好みの大きさに切る。クリームの材料を泡立てる。スポンジ、クリーム、果物を器に盛り、各自が好みの量をとっていただく。

POINT ⓐ

マスカルポーネは柔らかくなるまでよく練るのがコツ。それから抹茶を。

POINT ⓑ

重ねたクリームの上にスポンジを並べ、白いクリームをかけて広げる。

抹茶クリームのトライフル

Maccha & Mascarpone Trifle

薄焼きスポンジとクリームを重ねるトライフルは、スポンジが残ったときに、ぜひ作ってください。このレシピはクリームにマスカルポーネチーズを加えて、コクのある味わい。抹茶風味にすると、オリエンタル好きな海外でもとても喜ばれました。好みでフルーツやゆであずきを加えても。

●材料（4～5人分）

薄焼きスポンジ（P52～53参照）		½枚
A	マスカルポーネチーズ	125g
	粉糖	大さじ1～2
	抹茶	小さじ2
	熱湯	大さじ1½
B	生クリーム	200mℓ
	粉糖	大さじ1～2
C	抹茶	小さじ1
	粉糖	大さじ4

●作り方

1 スポンジは1.5cm角に切る。

2 マスカルポーネは室温に戻してボウルに入れ、柔らかくなるまでよく練り、粉糖を加えなめらかになるまで混ぜる。

3 Aの抹茶を熱湯でよく溶き、②のマスカルポーネに加え混ぜるⓐ。

4 別のボウルにBを入れ、泡立て器で七分立てにする。⅓量を③に加えて合わせ、抹茶クリームを作る。残りはそのまま、白いクリームとして使う。

5 器に④の抹茶クリームの半量を敷き、白いクリームの半量を入れる。スポンジを並べ、残りの白いクリーム、抹茶クリームの順でかぶせるように入れるⓑ。最後に混ぜ合わせたCを全体にふる。

6 大きなスプーンなどですくって、各自で取り分ける。

POINT ⓐ

クリームをゆるめに泡立て、へらで厚みをもたせてぬり広げる。

POINT ⓑ

いちごは向きを互い違いにして、均等の厚さになるよう並べる。

いちごのショートケーキ

Strawberry Cake

薄焼きスポンジを半分に切って、クリームとフレッシュないちごを挟んだ、みんなが大好きなショートケーキです。クリームは触れているうちにかたくなってしまうので、最初は少しゆるめくらいのほうがいいですね。クリームは断然、とろりとゆるいほうがおいしいと思います。

●材料（5〜6人分）

薄焼きスポンジ（P52〜53参照）	1枚
いちご	2パック
生クリーム	400mℓ
粉糖	大さじ2

●作り方

1 いちごはヘタを取り、上にのせる飾り用8〜10個は縦半分に切る。残りはサンド用に、薄い輪切りにする。
2 スポンジは半分に切る。
3 ボウルに生クリームと粉糖を入れ、泡立て器で七分立てにする。
4 スポンジに③のクリームの半量をぬり広げⓐ、サンド用のいちごを全体に均等の厚さに並べるⓑ。
5 もう1枚のスポンジをのせ、軽く押さえる。
6 残りの生クリームをぬり広げ、飾り用のいちごをのせる。

POINT ⓐ

スポンジをペーパーごと手前から持ち上げ、のり巻きのように巻く。

POINT ⓑ

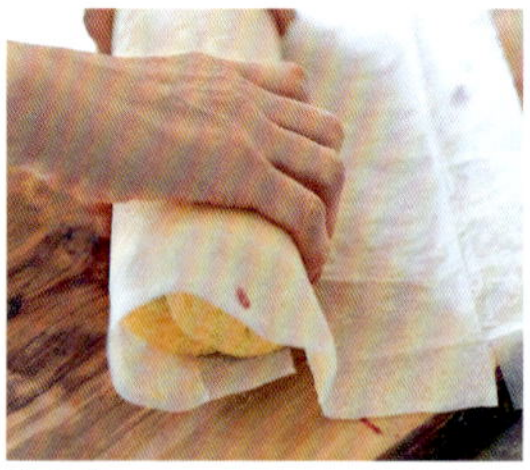

巻き終わったら、上から全体が同じ太さになるよう形を整える。

スイスロール

Swiss Roll

薄焼きスポンジのバリエーションですが、粉にコーンスターチを加えると、生地がふわっと柔らかくなり、巻きやすくなります。ブルーベリージャムはぜひ自家製のものを！ペクチンが多くて濃度があるので、ロールケーキにはぴったり。ジャムの種類はいちごなど、何でもOKです。

●材料(10切れ分)

〈薄焼きスポンジ〉(24㎝四方の天板1枚分)	
薄力粉	50g
コーンスターチ	30g
卵	3個
グラニュー糖	50g
牛乳(またはぬるま湯)	大さじ1
レモン(国産)の皮のすりおろし	½個分
ブルーベリージャム(P143参照)	適量

下準備

・オーブンを170℃に予熱する。

・牛乳は人肌くらいの温度に温めておく。

●作り方

1 P52～53の薄焼きスポンジの作り方を参照し、プロセス②のところで、薄力粉とコーンスターチを合わせてふるう。プロセス⑥の牛乳を加えるところで、レモンの皮も一緒に加える。ほかはすべて同様にし、プロセス⑬まで進む。

2 はがしたオーブンペーパーの上にスポンジを表面が上になるように置き、ブルーベリージャムを均一にぬり広げる。巻き終わりの部分だけ1㎝ほど残し、この部分にはジャムの煮汁だけを薄くぬる。

3 オーブンペーパーごと持ち上げて、のり巻きの要領で巻くⓐⓑ。ペーパーの上からラップで包み、冷蔵庫に1時間ほど入れてなじませる。

4 好みの厚さに切り分ける。

ココアスポンジケーキ

Cocoa Cake

薄焼きスポンジの味違いのアレンジ。粉にココアパウダーを加えると、こっくりとした風味のココアスポンジに。少人数のときはバットで焼くと便利。またバット2台で焼けばたっぷりとでき、しかもぴったり重ねることができます。

POINT

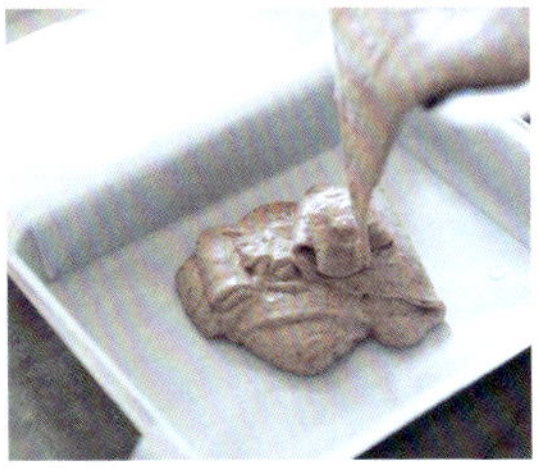

バットを使えば少人数分ができる。
生地はリボン状に流れるくらいに。

●材料（3～4人分）

〈薄焼きココアスポンジ〉（16×21×4.5cmのバット1台分）	
薄力粉	55g
ココアパウダー	大さじ1
グラニュー糖	45g
卵	小2個
牛乳（またはぬるま湯）	大さじ½
〈コーヒークリーム〉	
生クリーム	200mℓ
粉糖	大さじ1
エスプレッソコーヒー（インスタント）	大さじ1～1½
熱湯	少々
〈仕上げ用〉	
ココアパウダー・ラズベリー	各適量

下準備

・オーブンを170℃に予熱する。
・牛乳は人肌くらいの温度に温めておく。

●作り方

1 P52～53の薄焼きスポンジの作り方を参照し、プロセス①の天板の代わりにバットにオーブンペーパーを敷く。プロセス②で、薄力粉とココアパウダーを合わせて2回ふるう。ほかはすべて同様にしてプロセス⑬まで進み、薄焼きココアスポンジを作る。
2 コーヒーをごく少量の熱湯で溶く。
3 生クリームと粉糖を泡立て、②を加えて混ぜる。
4 ココアスポンジを半分に切り、1枚の上に③のクリームをぬり広げ、もう1枚のスポンジをのせる。ラップで包み、冷蔵庫で20分以上おいてなじませる。
5 ココアパウダーを茶こしに入れて、全体にふる。好みの大きさに切り分け、器に盛り、ラズベリーを添える。

※コーヒークリームのコーヒーの量は、好みで加減して。

3つの手法の基本のクッキー

扱いやすいアイスボックスクッキーを中心に

シンプルなサブレは娘たちも大好き！ 焼き上がるとバターのいい香りがして、おやつによく作ったものです。左ページのサブレはバターたっぷりで粉が少なめの生地を、冷凍庫でかたくしてから切って焼くアイスボックスタイプのサブレ。生地を冷凍保存しておけば、思いついたときにいつでも好きな量を焼くことができます。特別な道具や型も必要ないので、初めての方にもおすすめ。手順もやさしいので、上手に焼けると思います。基本を覚えたら、生地にナッツを入れたり、粉にココアを混ぜたりと、バリエーションを広げていって、オリジナルの味を発見してください。

天板に生地を落として焼くドロップタイプは、柔らかい口当たりのソフトクッキー。スプーンで生地をすくうだけなので、型いらずでとても簡単。今回は刻んだチョコを生地に混ぜました。

サクッとした歯触りのショートビスケットは、ミルクティーにぴったり。こちらも型は必要なく、クッキーとパイの間のような生地を、丸くのばして焼き、切り分けていただきます。

私のレシピは甘さがやや控えめなので、何度か作ってみて、砂糖の量はお好みで加減してください。バターは基本的に「食塩不使用」のものを使い、おいしい塩をひとつまみ加えます。塩味のクッキーだけは、有塩バターでかまいません。風味のいいバターを選ぶことが、なにより大切です。

シンプルなサブレ

Butter Cookies

アイスボックスの手法で作る、バターの風味たっぷりのクッキーです。ホロッとした食感は、紅茶とも相性抜群！　レモンの皮のさわやかな風味が、隠し味になっています。シンプルなお菓子なので、バターはもちろんのこと、粉や卵など材料はできるだけいいものを選んでください。軽く色づく程度の焼き上がりが目安です。

シンプルなサブレ
（基本のアイスボックスクッキー）

その名のとおり、冷凍庫でかたくして扱う生地です。
このレシピは棒状の生地が２本できるので、
１本を焼いて、もう１本は冷凍保存しても。

POINT● 粉を加えたら、こねてもいいのは１回目だけ。
あとは折りたたむように合わせる。

POINT● 途中でバターの入った生地がだれそうになったら、
こまめに冷蔵庫に入れて冷やす。

POINT● 生地を冷凍庫から出したら、半解凍の状態で
手早く切って、すぐに焼くこと。

●材料（直径約4cm・10〜12枚×２本分）

薄力粉	160g
ベーキングパウダー	小さじ¼〜⅓
バター（食塩不使用）	120g
塩	ひとつまみ
粉糖	60〜70g
卵黄	1個分
卵白	½〜¾個分
レモン（国産）の皮のすりおろし	½個分

下準備

・バターは室温に戻しておく。
・オーブンの天板にオーブンペーパーを敷いておく。
・オーブンを190℃に予熱する。

※冷凍保存した生地は、包丁がやっと入るくらいまで室温におき、左記のプロセス⑫以降を参照して焼く。室温に長くおきすぎると柔らかくなってしまうので、必ずかたいうちに切って焼く。
※バターの撹拌と粉の合わせ方が上手になったら、ベーキングパウダーは減らすほうがおいしい。

1

薄力粉とベーキングパウダーを合わせて、１回ふるう。

2

ボウルにバターと塩を入れ、ハンドミキサー（または泡立て器）でクリーム状になるまで混ぜる。

3

粉糖を３回くらいに分けて加え、その都度ハンドミキサー（または泡立て器）でよく混ぜる。

4

バターが白っぽくなって、粉糖が完全に混ぜ込まれたらOK。気温が高い時期など、この段階でバターがゆるくなってきたら、いったん冷蔵庫に入れて冷やすといい。

5

卵黄と卵白を加えて混ぜる。ボウルの側面に生地がついている場合は、へらできれいに落とす。

6

レモンの皮のすりおろしを加え、ハンドミキサー（または泡立て器）で混ぜる。皮を使うので、レモンはワックスなどがかかっていない国産のものがおすすめ。

7

①でふるった粉の⅓量をまず加える。

8

へらに持ちかえ、最初はよく混ぜる。この段階では、混ぜ方に神経質にならなくても大丈夫。

9

残りの粉を⅓量ずつ加え、その都度合わせる。２回目以降はこねないようにし、折りたたむようにそっと合わせる。ここでこねると、焼き上がりがかたくなるので注意！

10

粉気がなくなるまで生地を合わせて（粉気が残ると味も粉っぽくなる）２等分し、直径３cmの棒状にまとめる。巻きすを使ってもいい。好みでグラニュー糖をまぶしても。

11

生地を１本ずつラップに包み、１本は冷凍庫に入れて包丁がやっと入るくらいにかたくなるまで冷やす。もう１本はそのまま冷凍保存にしてもよい。

12

１本を冷凍庫から取り出してラップをはずし、生地がかたいうちに６～７mmの厚さに切る。生地が柔らかくならないよう、かたいうちに手早く切って、すぐ焼くのがコツ。

13

焼いたときに生地が膨らんでくっつかないよう、オーブンペーパーを敷いた天板にすき間をあけて並べる。１枚の天板に、生地１本分が目安。

14

190℃のオーブンの中段で５分焼き、そのあと170℃に下げて、さらに15～17分焼く。うっすらきつね色になるまでが目安。焼き上がったら、クーラーにのせて冷ます。

ごまのサブレ
ココアとくるみのサブレ
Sesame, Cocoa & Walnut Cookies

基本のアイスボックスクッキーは、簡単なアレンジでいろいろな味が楽しめます。生地に黒ごまをたっぷり混ぜると、香ばしいごまの風味に。ココアと丸ごとのくるみを加えると、濃厚なコクのある味わいになります。

POINT

生地にココアを入れるときは、粉、ベーキングパウダーに混ぜてふるう。

ごまのサブレ

●材料(約4cm角のもの10〜12枚分)

薄力粉	110g
ベーキングパウダー	小さじ¼
バター(食塩不使用)	80g
塩	ひとつまみ
粉糖	40g
卵黄	1個分
卵白	½個分
黒ごま	大さじ3

ココアとくるみのサブレ

●材料(直径約4cmのもの10〜12枚分)

薄力粉	100g
ベーキングパウダー	小さじ¼
ココアパウダー	大さじ1½
バター(食塩不使用)	80g
塩	ひとつまみ
粉糖	50g
卵黄	1個分
卵白	½個分
くるみ	75g

下準備はP60、63と同じ

●ココアとくるみのサブレの作り方

1 くるみは100℃のオーブンで7〜8分、焦がさないよう、カリッとするまでローストする。その後、オーブンを予熱。
2 P60〜61を参照し、プロセス①で粉にココアパウダーを加えて、一緒にふるう。プロセス⑧まで同様に進む(プロセス⑥はなし)。
3 プロセス⑨の3回目の粉と一緒に、くるみを加えて混ぜる。あとは同様にして焼き上げる。

●ごまのサブレの作り方

1 P60〜61を参照し、プロセス⑧まで同様に進む(プロセス⑥はなし)。
2 プロセス⑨の3回目の粉と一緒に、黒ごまを加えて混ぜる。
3 プロセス⑩で棒状にまとめるとき、四角い形に整える。あとは同様にして焼き上げる。

スパイスソルトクッキー チーズソルトクッキー

Spice Salt, Cheese Salt Cookies

POINT

ドライパセリやスパイスなどは、3回目の粉とともに混ぜる。

甘くないソルトクッキーも、アイスボックスクッキーのアレンジで。塩味のきいたハーブやチーズのクッキーは、ワインにぴったり！　有塩バターを使い、仕上げにおいしい粒塩をふるのがコツ。フルール・ド・セルがおすすめです。

●材料（直径約4㎝・2種類各10〜12枚分）

〈生地〉（各１本分）	
薄力粉	各100ｇ
ベーキングパウダー	各小さじ$\frac{1}{4}$
バター（有塩）	各60ｇ
粉糖	各15ｇ
卵黄	各１個分
卵白	各$\frac{1}{2}$個分
粒塩（あればフルール・ド・セル）	各少々
〈スパイスソルトクッキー用：A〉	
粗びき黒こしょう・キャラウェイシード・ディルシードなど	各適量
〈チーズソルトクッキー用：B〉	
パルミジャーノチーズ（すりおろす）	大さじ４〜５
ドライパセリ	大さじ１

下準備

・バターは室温に戻しておく。
・オーブンの天板にオーブンペーパーを敷いておく。
・オーブンを190℃に予熱する。

●チーズソルトクッキーの作り方

1 P60〜61を参照し、プロセス⑤まで同様に進む。
2 プロセス⑥で、レモンの皮の代わりにBのチーズを加えて混ぜ、⑧まで進む。
3 プロセス⑨の３回目の粉と一緒に、Bのドライパセリを加え、よく合わせる。
4 プロセス⑩で棒状にまとめ、楕円形に整える。プロセス⑫まで同様に進む。
5 プロセス⑬で並べたときに粒塩をふり、あとは同様にして焼き上げる。

●スパイスソルトクッキーの作り方

1 P60〜61を参照し、プロセス⑧まで同様に進む（プロセス⑥はなし）。
2 プロセス⑨の３回目の粉と一緒に、Aのスパイスを加えて混ぜる。プロセス⑫まで同様に進む。
3 プロセス⑬で並べたときに粒塩をふり、あとは同様にして焼き上げる。

※フルール・ド・セルは、「塩の花」と呼ばれる最高級の粒塩。

POINT ⓐ

チョコを刻む大きさはチョコチップくらい。3回目の粉とともに加える。

POINT ⓑ

柔らかい生地でくっつきやすいため、スプーン2本で扱うと落としやすい。

チョコドロップクッキー

Chocolate Drop Cookies

全卵を使った柔らかい生地のソフトクッキーです。形を作る必要がなく、生地を混ぜたらスプーンで落とすだけなので簡単！　生地に混ぜるチョコレートは普通の板チョコでもかまいませんが、私はカカオが70％くらいのダークチョコが好みです。焼きすぎないように注意してくださいね。

●材料（直径7～8㎝のもの約10枚分）

薄力粉	100g
ベーキングパウダー	小さじ⅓
バター（食塩不使用）	80g
塩	ひとつまみ
粉糖	60g
卵	⅔個分
チョコレート	100g

下準備

・バターは室温に戻しておく。
・チョコレートは刻んでおく。
・オーブンの天板にオーブンペーパーを敷いておく。
・オーブンを180℃に予熱する。

●作り方

1 P60～61を参照し、プロセス⑤まで同様に進む（プロセス⑥はなし）。
2 プロセス⑦～⑨で①の粉を3回に分けて加え、その都度合わせる。3回目のとき、刻んだチョコレートも一緒に加えて混ぜるⓐ。
3 スプーン2本を使いながら、大さじ1くらいの生地をすくい、天板のペーパーの上に落としていくⓑ。焼けると生地が膨らむので、間隔をあけておく。
4 180℃のオーブンの中段で10～15分ほど、まわりがこんがりと焼けて、上面が乾いた感じになるまで焼く。焼きすぎないように注意。

イギリス風
ショートビスケット

Short Biscuits

ほかのクッキーとは手法が違う、よりサクッとした食感のお菓子です。グラニュー糖をふりますが、生地の砂糖を減らしてあるので、甘すぎることはありません。生地を練らないことと、温かいうちに切り分けるのがコツ。

●材料（直径約20㎝のもの１枚分）

薄力粉	150ｇ
バター（食塩不使用）	90ｇ
塩	ひとつまみ
卵	小１個
粉糖	大さじ３
グラニュー糖	大さじ２～３

下準備

- 薄力粉はふるって、バターとともに冷蔵庫で冷やしておく。
- オーブンの天板にオーブンペーパーを敷いておく。
- オーブンを170℃に予熱する。

POINT

生地をラップに挟み、めん棒でぐいぐい押すようにしてのばしていく。

●作り方

1 フードプロセッサーにバターと塩を入れ、パルス操作で４～５回混ぜる。卵、粉糖の順に加え、その都度各５秒ほど混ぜる。薄力粉を一度に加え、そぼろ状になるまでパルス操作で４～５回混ぜる。生地がまとまればＯＫ。

2 台の上に取り出し、何度か折りたたむようにしながら生地をまとめる。練らないように注意！　ラップに包んで、いったん冷蔵庫で冷やす。

3 ②をラップから取り出し、上下をラップで挟み、めん棒で直径約20㎝に丸くのばす。

4 オーブンペーパーを敷いた天板の上にラップをはがしながらのせ、８等分に切り目を入れる。

5 竹串かフォークで全体に穴を開け、グラニュー糖を全体にふる。

6 170℃のオーブンで20分ほど焼き、温かいうちに切り分ける。

折り込みパイと簡単パイ生地

何層にもなるサクサクパイと、フードプロセッサーを使う簡単パイ

ここでは2種類のパイ生地をご紹介します。ひとつは本格的なものに近い折り込みパイ生地、もうひとつはフードプロセッサーを使う簡単パイ生地です。たとえばサクサクした食感がおいしいミルフィーユには、何層にもなる折り込みパイ生地が合います。もっと手軽なおやつのシュガーパイやワインのつまみの塩味パイは、手間がかからない簡単パイ生地でＯＫ。どちらも折り込んだ生地の状態で冷凍できます。冷凍のパイ生地があれば、思いついたときに焼きたてのパイが味わえます。

折り込みパイ生地のレシピは、バターの大きさがポイントです。バターは大きなかたまりのままのばす方法や、粉と一緒に米粒状にする方法などがありますが、私のレシピはその中間の２㎝角。これだと家庭でも作りやすいし、本格派に近い食感が楽しめます。コツは、とにかくバターがだれないようにすること。室温や手の温度でバターが柔らかくなると扱いにくいので、様子を見ながら冷蔵庫に入れて、かたくするといいでしょう。

簡単パイ生地は途中までフードプロセッサーを使うので、生地に手が触れる時間が少なく、初めての方にもおすすめ！　生地を折る回数も折り込みパイより少ないので、簡単にできると思います。

どちらのパイも味の決め手はバターの風味なので、おいしいバターを使ってくださいね。

いちごの
ミルフィーユ

Mille-Feuille aux Fraises

サクサクのパイの間に、とろりとしたカスタードクリームといちご。上にはたっぷりの粉糖をふるって。パイのお菓子の中で、ミルフィーユはとても人気があります。家庭では作りたてをすぐ食べられるので、パイにクリームの水分が浸透しないうちに、最高の食感とフレッシュな味が楽しめます。フルーツはお好みのものでＯＫです。

いちごのミルフィーユ
(基本の折り込みパイ)

何層ものパイの軽い食感を楽しむお菓子です。
生地は冷凍できるので、半分冷凍しても。
クリームと合わせたら、すぐ召し上がれ！

POINT● 暑い時期は、生地をこまめに冷蔵庫に入れ、かたくなるまで休ませる。

POINT● 打ち粉はさらっとした強力粉で。生地の味が落ちるので、最小限の量で。

POINT● 焼く前に切り目を入れておくと、焼き上がりを切るとき、きれいに切れる。

●材料(4個分)

〈折り込みパイ生地1単位分〉	
強力粉・薄力粉	各100g
バター(食塩不使用)	140g
塩	ひとつまみ
冷水	½カップ(様子を見て使う)
強力粉(打ち粉用)	適量
〈フィリング〉	
カスタードクリーム(P128参照)	½単位
いちご	1パック
粉糖	適量

下準備

- バターを2㎝角に切り、2種類の粉とともに直前まで冷蔵庫に入れておく。
- オーブンの天板にオーブンペーパーを敷いておく。
- オーブンを210℃に予熱する。

※生地を冷凍保存する場合は、プロセス⑩の冷蔵庫に入れる段階で冷凍する。冷凍した生地を使うときは、そのまま出して、⑩の続きから始めてOK。

1

最初にパイ生地を作る。冷やしておいた強力粉と薄力粉、塩を合わせて、1回ふるう。

2

冷やしておいたバターを加え、粉をまぶしながら指で軽くつぶす。細かくする必要はないので、バターが柔らかくならないよう、手早くさっとつぶすこと。

3

様子を見ながら冷水を少しずつ加え、へらで合わせていく。冷水は粉の部分をめがけて注ぐこと。

4

全体がなんとなくしっとりしてきたら、指先でにぎるようにしながら混ぜる。冷水は様子を見て加え、すべての量を使う必要はない。

5

生地がやっとまとまるくらいになったら、ラップに包んで冷蔵庫で30分～1時間休ませる。バターの角が粉の中に見えていて、多少ぼそぼそした感じでOK。

6

⑤を冷蔵庫から出してラップをはずし、打ち粉をした台に置く。生地がくっつかないようめん棒にも打ち粉をし、生地の真ん中から上下に徐々に押しのばしていく。

7

めん棒を転がしながら、生地を約20×30cm、厚さ約3mmにのばす。上から⅓を折り、下から⅓を折って3つ折りにし、縦長に置き直す。

8

再び真ん中からめん棒で押し、同じ大きさにのばす。途中、台やめん棒に生地がくっつきそうな場合は、最小限の打ち粉をする。

9

今度は上から¼、下から¼を折り、さらに折って4つ折りにし、縦長に置き直す。⑦〜⑨のここまでをあと3回くり返し、ラップに包み、冷蔵庫に1時間ほど入れる。

10

⑨のラップをはずし、⑦〜⑨の4つ折りまでをもう1回くり返す。ラップに包んで、冷蔵庫に20〜30分入れる（冷凍保存はこの段階で）。最後は20×35cmにのばす。

11

縦長に置き、中央で上下半分に切り、20×12cmくらいの長方形の生地が2枚とれるように切る（生地の切れ端は冷凍保存しておき、P74の塩味パイなどに使うとよい）。

12

⑪の生地2枚をオーブンペーパーを敷いた天板にのせ、フォークか竹串で全体に穴をあける。焼いたあと切り分けやすいよう、4等分に包丁で切り目を入れておく。

13

210℃のオーブンの中段で約20分、きつね色になるまで様子を見ながら焼く。クーラーにのせて粗熱を取り、切り目に沿ってそれぞれ1枚をパン切りナイフで4つに切る。

14

いちごはヘタを取って、薄い輪切りにする。パイにカスタードクリームをぬっていちごを並べ、クリームをぬってもう1枚のパイをのせる。粉糖を茶こしに入れてふる。

タルトタタン

Tarte Tatin

あめ色のりんごとサクッとしたパイは、黄金の組み合わせ。焼きたての熱々はもちろん美味ですが、焼き上がりをそのまま15～20分おいてから返すと、焼き汁に濃度がついて、汁気が出すぎることがありません。泡立てた生クリームと一緒に食べても。

POINT●

グラニュー糖をカラメル状に加熱するときは、焦がしすぎないこと。

POINT●

りんごがくずれないようフライパンにすき間なく並べていくのがコツ。

●材料（直径18cmのフライパン１台分）

折り込みパイ生地（P68参照）		１単位分
りんご（ふじ）		２½～３個
A	グラニュー糖	大さじ５～６
	レモン汁	２個分
グラニュー糖		大さじ４½
バター（食塩不使用）		50ｇ
タイム		適量

下準備

・りんごは皮をむいて芯を除き、くし形に切る。

・オーブンを180℃に予熱する。

※パイ生地は、P72の簡単パイ生地でもOK。

1

りんごにAをまぶして30分ほどおく。汁ごと平鍋に入れ、中火で煮て火を通す。ざるなどに入れて汁気をきる。汁はとっておく。

2

①の汁には粘りが出るペクチンが豊富。オーブンに入る直径18cmのフライパンに、汁大さじ２～３を入れる。少なければ水を足す。

3

②のフライパン全体にグラニュー糖を広げ入れ、中火でカラメル状になるまで加熱する。やや濃いめの色になるまで。

4

濃い茶色になったら、バターを加えて溶かす。火を止めてタイムを散らし、①のりんごをすき間なくびっしり並べる。

5

パイ生地を作る場合はP69のプロセス⑩の冷蔵庫に入れるまでを参照し、同様に作る。または、冷凍パイ生地を使ってもよい。

6

打ち粉をした台に生地を置き、めん棒で約20×30cmにのばしてから、約20cm四方の正方形に切る。

7

⑥の生地をめん棒に巻きつけて、④のりんごを入れたフライパンの上で広げ、全体を覆うようにかぶせる。

8

生地の端をフライパンの中に入れ、180℃のオーブンの下段で50分ほど焼く。フライパンに皿をかぶせ、ひっくり返して盛る。

シュガーパイ
（基本の簡単パイ）

Easy Pie

おやつにおすすめのプレーンなパイです。シャリシャリしたグラニュー糖の甘みと、サクッとしたパイの歯ざわり。粉にバターを混ぜ込む作業は、フードプロセッサーを使うので簡単！ バターに手を触れないので、初めてでも扱いやすいですね。

POINT●
フードプロセッサーを回すときはパルス操作で2～3秒ずつ。

POINT●
手粉の代わりにラップを活用すると、生地に粉が入らず風味よく仕上がる。

●材料（10枚分）

〈簡単パイ生地1単位分〉	
薄力粉	100g
バター（食塩不使用）	70g
塩	ひとつまみ
冷水大さじ3～4（様子を見て使う）	
〈仕上げ用〉	
グラニュー糖	大さじ1½

下準備

- バターを1.5cm角に切り、粉とともに直前まで冷蔵庫に入れておく。
- オーブンの天板にオーブンペーパーを敷いておく。
- オーブンを230℃に予熱する。

※生地を冷凍保存する場合は、プロセス⑤の冷蔵庫に入れる段階で冷凍する。冷凍した生地を使うときは、そのまま出して、⑥から始めてOK。

1

粉と塩をフードプロセッサーに入れて軽く回し、バターを加えて2～3秒回す。冷水を大さじ1ずつ加えては2～3秒ずつ回す。

2

様子を見ながら冷水を加え、そぼろ状になり、手で握るとまとまるようになったらOK。台に広げたラップの上に取り出す。

3

ラップに包んで、両手で押すようにして生地を平たくまとめる。ラップを使うと手粉が必要ないので、生地が風味よく仕上がる。

4

カードか包丁で生地を半分に切り、2段に重ねる。こうすると、バターの層ができていく。

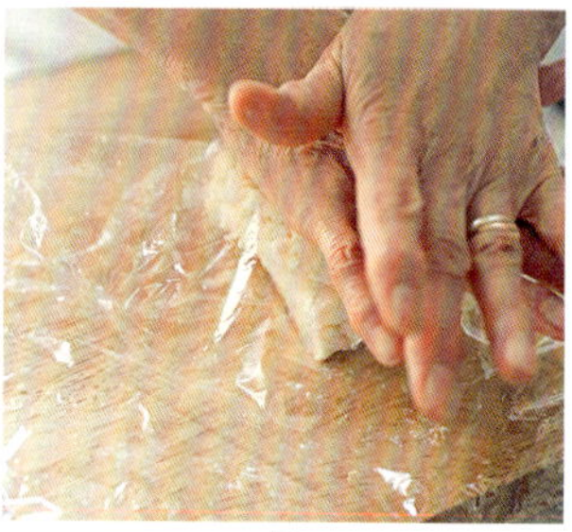

5

ラップに挟み、つぶすようにして平たくする。④から⑤のここまでを4～5回くり返す。ラップに包み、冷蔵庫で2時間おく。

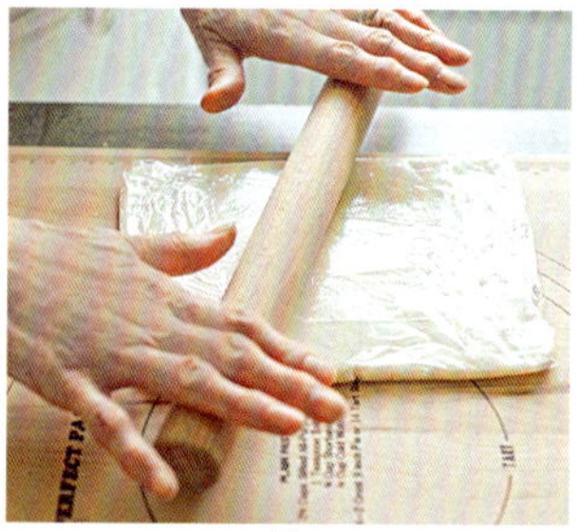

6

生地を取り出し、余裕をもってゆるくラップで包み直す。ラップの上からめん棒で、約15×20cm、厚さ約4mmにのばす。

7

別のラップの上に生地の大きさに合わせてグラニュー糖をふり、⑥の生地を置く。めん棒を軽く転がし、片面だけにまぶしつける。

8

生地を10等分に切り、グラニュー糖の面を上にして天板に並べ、竹串で穴をあける。230℃のオーブンの中段で、13分ほど焼く。

3種類の塩味パイ

Three Types of Salty Pie

ワインのおつまみにぴったりの甘くないパイです。のり巻きのように具を巻いて、切って焼くだけ。チーズやサラミなど、好みのものを入れても。これは簡単パイ生地で作りますが、折り込みパイ生地の切れ端を冷凍しておいて活用しても大丈夫です。

●材料（各7〜8個分）

〈簡単パイ生地〉		
	薄力粉	140g
	バター（食塩不使用）	100g
	塩	ひとつまみ
	グラニュー糖	大さじ1
	冷水大さじ2〜3（様子を見て使う）	
〈フィリング〉		
A	黒ごま	大さじ1強
A	塩（フルール・ド・セル）	少々
B	生ハム（刻む）	10g
C	アンチョビ（刻む）	大3〜4枚
C	カイエンヌペッパー	適量

下準備

- バターを1.5cm角に切り、直前まで冷蔵庫に入れておく。
- 粉も直前まで冷蔵庫で冷やしておく。
- オーブンの天板にオーブンペーパーを敷いておく。
- オーブンを240℃に予熱する。

※フルール・ド・セルは、「塩の花」と呼ばれる最高級の粒塩。

●作り方

1 P72の簡単パイ生地の作り方を参照し、プロセス⑤まで同様に進む。ただし、この生地にはグラニュー糖を入れるので、グラニュー糖は粉とともにフードプロセッサーに入れる。あとは同じ。

2 冷蔵庫で2時間休ませた生地を取り出し、3等分する。それぞれラップでゆるく包み直し、ラップの上からめん棒で約8×14cm、厚さ約4mmにのばす。

3 ラップの上部を開き、下は敷いたまま②の生地にそれぞれA〜Cの具を全体に均一にのせるⓐ。

4 ラップを巻きすのように使いながら、生地を巻いていくⓑ。巻き終わりは、生地の端に水少々をつけ、くっつける。

5 そのままラップに包んで、冷蔵庫で冷えてかたくなるまで休ませる。

6 それぞれ5mm幅くらいに切りⓒ、断面を上にして天板に並べる。焼けると膨らむので、間隔をあけて並べるⓓ。

7 240℃のオーブンの中段で、10分ほど焼く。

POINT ⓐ

生地をラップの上に縦長に置いて、具の生ハムなどを全体に広げる。均一に広げるのがポイント。

POINT ⓑ

ラップを巻きすのように使いながら、くるりと巻いていく。巻き終わりは開かないよう、生地の端に水をつけてくっつける。

POINT ⓒ

包丁で5mm幅くらいに切る。薄めに切ったほうが、ひと口で食べたときのサクサク感がより軽くなる。

POINT ⓓ

焼けると膨らむので、必ず間隔をあけて天板に並べること。3種類を一度に焼いてもOK。

シンプルなバターケーキ

軽い口当たりに仕上げる方法をマスターすれば、応用範囲は無限

パウンドケーキやカトルカールと呼ばれるバターケーキは、焼き菓子の基本です。名前の由来は英語で〝1ポンドずつ〟、フランス語で〝4分の1ずつ〟という意味で、材料のバター、砂糖、粉、卵がすべて同量のレシピです。基本的なこの生地をマスターすれば、中にナッツやドライフルーツのコンポートなどを入れたりして、どんどんレパートリーを広げられます。

生地の作り方はさまざまですが、私のレシピはバターと卵黄を先に混ぜ、あとで泡立てた卵白のメレンゲを加える方法です。全卵を一度に混ぜる方法より少し手間はかかりますが、軽くふわっとした仕上がりにすることができます。失敗なく、ふんわりとおいしく焼き上がるこの方法を、ぜひ試してみてください。

バターケーキはなんといっても、バターそのもののおいしさがカギです。ふんわりと作るコツは、バターに空気をよく含ませること。卵黄が分離しないよう、少しずつ混ぜ込むこと。メレンゲはしっかりと泡立てること。そして最大のコツは、メレンゲを生地と合わせるとき、できるだけ泡をつぶさないよう注意することです。この泡が生地を膨らませ、ふわっとした食感を作ります。

おいしいバターで作ったバターケーキは大好きです。焼き上がったらラップに包んでひと晩おくと、しっとりとおいしくなりますよ。

シンプルな
バターケーキ

Butter Cake

バターと卵黄を先に混ぜ、あとで泡立てた卵白を加えて作る、ふわっと軽い口当たりのバターケーキです。バターをふんわりするまで混ぜ、卵白はよく泡立ててしっかりしたメレンゲにするのが、おいしく作るコツ。焼いた翌日や翌々日においしくなるので、プレゼントのお菓子としてもおすすめです。

シンプルなバターケーキ
（基本のバターケーキ）

バターと卵をともに室温に戻しておくのも
忘れないように！　ひとつひとつの作業を
ていねいにすると、上手に作れます。

POINT● メレンゲは砂糖を加えるたびにしっかり泡立て、途中だれてきたら泡立て直す。

POINT● 粉気がなくならないうちに次の粉を入れると、ずっと粉が混ざらないので注意する。

POINT● メレンゲを生地に混ぜるときは練らないこと！ 泡をつぶさないように底からすくい上げる。

●材料（8.5×19×深さ6cmのパウンド型1台分）

薄力粉	100g
ベーキングパウダー	小さじ½
バター（食塩不使用）	100g
塩	ひとつまみ
上白糖（バター用）	80g
上白糖（メレンゲ用）	20g
卵	2½個（大なら2個）
ラム酒（あれば）	大さじ1

下準備
- バターは室温に戻しておく。
- 卵は室温におき、卵黄と卵白に分けておく。
- ボウルの油分や水分をしっかりふき取っておく。
- オーブンを175℃に予熱する。

※バターをふんわりするまでかき混ぜること、そこへ卵白と粉を加えて合わせていくのが上手になれば、ベーキングパウダーはなくてもよい。

1

パウンド型にバター少々（分量外）をぬる。サイズに合わせて切り込みを入れたオーブンペーパーを、型の内側にぴったりはりつける。

2

薄力粉にベーキングパウダーを合わせ、2回ふるう。

3

大きめのボウルにバターと塩を入れ、ハンドミキサーでざっとクリーム状にする。バター用上白糖を3回に分けて加え、バターが白っぽくなってふわっとするまで混ぜる。

4

卵黄を1個ずつ加え、その都度ハンドミキサーでよく混ぜる。

5

途中、ボウルの縁についた生地はへらで落とす。ふんわりとしたら、ラム酒を加えて混ぜる。

6

油分や水分のない別のボウルに卵白を入れ、ハンドミキサーでざっと泡立てる。メレンゲ用の上白糖を3回に分けて加え、その都度、高速で角が立つまでしっかり泡立てる。

7

卵白は上白糖を加えるたびにかたく泡立てる。高速のみで泡立てるときめが粗くなるので、その都度後半は低速で。最後は角が立って落ちないようになるまで泡立てる。

8

⑤のボウルに⑦のメレンゲの⅓量を加え、泡をつぶさないよう、へらでボウルの底からすくって返すように合わせる。

9

②の粉の半量をふるい入れ、粉気がなくなるまで、へらで底からすくうように合わせる。再びメレンゲの⅓量を加え、⑧と同様に合わせ、残りの粉を加えて合わせる。

10

メレンゲがだれていたら再度泡立て、最後のメレンゲを加え、泡をつぶさないよう底から大きくすくって返し、そっと合わせる。

11

⑩の生地を①の型に入れ、2回とんとんと型の底をたたいて、生地を落ち着かせる。表面が平らになるよう、へらでならす。

12

175℃のオーブンの中段で、45〜50分焼く。中央に竹串を刺してみて、何もついてこなければ焼き上がり！

13

型から出して、網の上にのせて冷ます。

14

粗熱が取れたらオーブンペーパーをはがし、ラップに包んでひと晩おく。こうすると、しっとりした状態になっておいしくなる。この状態で冷凍保存することもできる。

いちじくのケーキ

Fig Cake

P78の基本のバターケーキにP142のいちじくのグラッパ煮を加えたアレンジです。生地にのせるだけで、焼く間に自然に生地の中に沈んでいきます。中に入れるものは、プラムの赤ワイン煮や、レーズンのラム酒漬けなど水分が少なめのものを。

●材料(8.5×19×深さ6cmのパウンド型1台分)

〈基本のバターケーキ〉	
薄力粉	100g
ベーキングパウダー	小さじ½
バター(食塩不使用)	100g
塩	ひとつまみ
上白糖(バター用)	80g
上白糖(メレンゲ用)	20g
卵	2½個(大なら2個)
ラム酒(あれば)	大さじ1
〈中に入れるもの〉	
いちじくのグラッパ煮(P142参照)	4〜5個

下準備

・バターは室温に戻しておく。
・卵は室温におき、卵黄と卵白に分けておく。
・ボウルの油分や水分をしっかりふき取っておく。
・オーブンを175℃に予熱する。

●作り方

1 パウンド型にバター少々(分量外)をぬる。サイズに合わせて切り込みを入れたオーブンペーパーを、型の内側にぴったりはりつける。
2 薄力粉にベーキングパウダーを合わせ、2回ふるう。
3 大きめのボウルにバターと塩を入れ、ハンドミキサーでざっとクリーム状にする。バター用上白糖を3回に分けて加え、バターが白っぽくなって空気を含んでふわっとするまで混ぜる。
4 卵黄を1個ずつ加え、その都度ハンドミキサーでよく混ぜる。全体がふんわりしたら、ラム酒を加えて混ぜる。
5 油分や水分のない別のボウルに卵白を入れ、ハンドミキサーでざっと泡立てる。メレンゲ用の上白糖を3回に分けて加える。その都度、高速で角が立つまで泡立てたあと、低速できめ細かくしっかりと泡立てる。
6 ④のボウルに⑤のメレンゲの⅓量を加え、泡をつぶさないよう、へらでボウルの底からすくって返すように合わせていく。
7 ②の粉の半量をふるい入れ、粉気がなくなるまで、へらで底からすくい上げるようにしてよく合わせていく。
8 再びメレンゲの⅓量を加え、⑥と同様に混ぜ、残りの粉を加えて合わせる。
9 最後に残りのメレンゲを泡立て直して加え、泡をつぶさないよう底から大きくすくって返すように合わせるⓐ。
10 ⑨の生地を①の型に入れ、2回とんとんと型の底をたたいて、生地を落ち着かせる。表面が平らになるよう、へらでならすⓑ。
11 生地の上にいちじくのグラッパ煮をのせる。重ならないように並べ入れるⓒ。
12 175℃のオーブンの中段で、45〜50分焼く。中央に竹串を刺してみて、何もついてこなければ焼き上がりⓓ。
13 型から出して、網の上にのせて冷ます。粗熱が取れたらオーブンペーパーをはがし、ラップに包んでひと晩おく。冷凍保存する場合はこの段階で。
14 好みの厚さに切り分けていただく。

POINT ⓐ

メレンゲを生地に混ぜるときは、できるだけ泡をつぶさないよう、底からやさしくすくい上げて返す。練らないこと!

POINT ⓑ

オーブンペーパーを敷いたパウンド型に、へらで生地を移す。四隅にも生地を入れて、表面の高さをならす。

POINT ⓒ

いちじくのグラッパ煮を並べてのせる。焼いている間に沈むので、焼き上がりでは底に近いところに。

POINT ⓓ

中央に竹串を刺してみて、何もついてこなければOK。まだ生地がくっつくようなら、さらに少し焼いて再びチェックする。

オレンジピール
ケーキ

Orange Peel Cake

P78の基本のバターケーキの生地に、さわやかな香りのオレンジピールを混ぜて作るケーキです。私はよく自家製の苦みのある夏みかんピールを使いますが、ドライフルーツでもおいしく作れますよ。

●材料（8.5×19×深さ6cmのパウンド型1台分）

〈基本のバターケーキ〉	
薄力粉	100g
ベーキングパウダー	小さじ½
バター（食塩不使用）	100g
塩	ひとつまみ
上白糖（バター用）	80g
上白糖（メレンゲ用）	20g
卵	2½個（大なら2個）
ラム酒（あれば）	大さじ1
〈中に入れるもの〉	
オレンジピール	120g
薄力粉（オレンジピール用）	大さじ2～3

下準備

・バターは室温に戻しておく。
・卵は室温におき、卵黄と卵白に分けておく。
・ボウルの油分や水分をしっかりふき取っておく。
・オーブンを175℃に予熱する。

●作り方

1 オレンジピールは7～8㎜角に切り、生地の中で沈まないように、オレンジピール用の薄力粉をまぶしておくⓐ。
2 パウンド型にバター少々（分量外）をぬる。サイズに合わせて切り込みを入れたオーブンペーパーを、型の内側にぴったりはりつける。
3 薄力粉にベーキングパウダーを合わせ、2回ふるう。
4 大きめのボウルにバターと塩を入れ、ハンドミキサーでざっとクリーム状にする。バター用上白糖を3回に分けて加え、バターが白っぽくなってふわっとするまで混ぜる。
5 卵黄を1個ずつ加え、その都度ハンドミキサーでよく混ぜる。全体がふんわりしたら、ラム酒を加えて混ぜる。
6 別のボウルに卵白を入れ、ハンドミキサーでざっと泡立てる。メレンゲ用の上白糖を3回に分けて加える。その都度、高速で角が立つまで泡立てたあと、低速できめ細かくしっかりと泡立てる。
7 ⑤のボウルに⑥のメレンゲの⅓量を加え、泡をつぶさないよう、へらでボウルの底からすくって返すように合わせていく。
8 ③の粉の半量をふるい入れ、粉気がなくなるまで、へらで底からすくい上げるようにして合わせていく。
9 再びメレンゲの⅓量を加え、⑦と同様に混ぜる。
10 残りの粉と①のオレンジピールを加えⓑ、粉気がなくなるまで合わせていく。
11 最後に残りのメレンゲを加えⓒ、泡をつぶさないよう底から大きくすくって返すように合わせるⓓ。
12 ⑪の生地を②の型に入れ、2回とんとんと型の底をたたいて、生地を落ち着かせる。表面が平らになるよう、へらでならす。
13 175℃のオーブンの中段で、45～50分焼く。中央に竹串を刺してみて、何もついてこなければ焼き上がり！
14 型から出して、網の上にのせて冷ます。粗熱が取れたらオーブンペーパーをはがし、ラップに包んでひと晩おく。冷凍保存する場合はこの段階で。
15 好みの厚さに切り分けていただく。

POINT ⓐ

刻んだオレンジピールはくっつかないよう、薄力粉をまぶしてパラパラにしておく。こうすると生地の中で沈まない。

POINT ⓑ

オレンジピールは2回目の粉を入れるときに一緒に加える。粉をまぶしてパラパラにしてあるので、均一に混ざりやすい。

POINT ⓒ

生地に粉気がなくなって、オレンジピールがよく混ざったら、残りのメレンゲを加える。

POINT ⓓ

メレンゲを加えたら、泡をつぶさないように注意！　底から大きくすくって返し、そっと合わせる。

気軽に焼けるバットで作るケーキ

型がなくてもOK！　身近なバットでいろいろなケーキを

「ケーキは焼いてみたいけれど、型を持っていないので」という方におすすめなのが、バットで作るこのケーキ。丸いケーキ型やパウンド型がなくても、バットがあれば大丈夫。身近な道具で作れるので、ぜひチャレンジしてみてください。

　バットはパウンド型より高さがないので、生地の火の通り具合がわかりやすく、焼き時間もパウンド型より短くてすみます。また、表面積が広いので、アレンジも自由自在。クリームやトッピングがたっぷり欲しいときにも、バットで作るケーキはおすすめです。

　メープルバナナケーキは、生地の上にバナナとアーモンドをのせて香ばしく焼くタイプ。生地の砂糖にメープルシュガーを使っているのが特徴で、バナナとともにコクのある味わいになります。メープルシュガーが手に入らない場合は、代わりにグラニュー糖を使ってください。

　にんじんケーキは生地の中ににんじんを混ぜて焼き、マスカルポーネチーズにレモン汁を加えたクリームをぬってさわやかな香りに。チョコレートケーキはココア生地にして、ガナッシュクリームをぬって濃厚な味わいを楽しみます。

　バナナとにんじんは生地が重くなりやすいので、ベーキングパウダーがやや多めのレシピになっています。

メープル
バナナケーキ

Maple Banana Cake with Almond

カリッと焼けたアーモンドの食感と、とろっと濃厚なバナナの風味がおいしいケーキ。粉が多めのしっかりした生地を、高さを出さずに薄く焼く、初めてでも上手にできるレシピです。この生地は卵黄と卵白を別々に入れるやり方で作ります。メレンゲをしっかり泡立てて、泡をつぶさないのがコツ。好みのサイズに切り分けて。

メープルバナナケーキ

生地作りの手順はP78〜79のバターケーキと同じです。卵黄と卵白に分ける方法なので、メレンゲはしっかり泡立てて。

POINT● バナナはレモン汁をまぶしておくと、変色防止になって、風味もさわやかに。

POINT● バターが白っぽくふわっとなるまで、ハンドミキサーで混ぜるのがコツ。

POINT● メレンゲの泡をつぶさないように、底からすくうように生地に混ぜる。

●材料(16×21×4.5cmのバット1台分)	
薄力粉	150g
ベーキングパウダー	小さじ⅔〜1
バター(食塩不使用)	70g
塩	ひとつまみ
卵	3個
メープルシュガーまたは	
グラニュー糖(バター用)	60g
同(メレンゲ用)	20g
〈上にのせるもの〉	
バナナ	2〜3本
レモン汁	大さじ1
アーモンド(細切り)	½カップ
メープルスプレッドまたは	
グラニュー糖	大さじ3

下準備

- バターは室温に戻しておく。
- 卵は室温に戻し、卵黄と卵白に分ける。
- アーモンドは120℃のオーブンで約15分、ローストする。
- そのあと、オーブンを180℃に予熱する。

1

バットにバター適量(分量外)をぬる。サイズに合わせて切り込みを入れたオーブンペーパーを、ぴったりはりつけるように敷く。

2

薄力粉とベーキングパウダーをよく混ぜ合わせてから、1回ふるう。

3

バナナは輪切りにし、レモン汁をまぶしてさっと混ぜておく。レモン汁が変色を防ぐ役目をし、さわやかな香りも加わる。

4

大きめのボウルにバターと塩を入れ、ハンドミキサーでざっとクリーム状にする。バター用メープルシュガーを2回に分けて加え、その都度ふわっとするまでよく混ぜる。

5

バターが白っぽくなってふわっとしたら、卵黄を1個ずつ加え、その都度ハンドミキサーでよく混ぜる。バターがだれそうになったら、冷蔵庫に入れてかたさを調節する。

6

別のボウルに卵白を入れ、ハンドミキサーでざっと泡立てる。メレンゲ用のメープルシュガーを2回に分けて加え、そのたびに高速で角が立つまでしっかり泡立てる。

7

角が立って落ちなくなるまで、しっかりとつやよく泡立て、最後は低速にしてきめを整える（⑪のあたりで泡が弱くなっていたら、しっかり泡立て直す）。

8

へらに持ちかえて、⑤のボウルに⑦のメレンゲの⅓量を加える。

9

メレンゲの泡をつぶさないよう、へらで底からすくって返すようにそっと合わせる。

10

⑨のボウルに、②の粉の半量をふるい入れる。

11

粉気がなくなるまで注意深く合わせる。再びメレンゲの⅓量、残りの粉、残りのメレンゲの順に加え、その都度よく合わせる。

12

⑪の生地を①のバットに入れて隅々まで広げ、軽くとんとんと底をたたいて、生地を落ち着かせる。表面が平らになるよう、へらでならす。

13

③のバナナを並べ、そのすき間にアーモンドを散らし、その上にメープルスプレッドを浅いスプーンなどでのせる。180℃のオーブンの中段で30分ほど焼く。

14

竹串を刺してみて、何もついてこなければＯＫ。バットから出し、網の上にのせて冷ます。オーブンペーパーをはがし、切り分ける。

にんじんケーキ

Carrot Cake

にんじんがたっぷり入ったケーキに、さわやかなレモン風味のマスカルポーネクリームがとてもよく合います。卵は泡立てず、バターに、溶いた全卵とにんじんと粉を混ぜていくやり方。バターが柔らかくなりすぎるとうまく焼けないので、随時冷やしながら。

POINT●

バターが白っぽいクリーム状になったら、溶き卵を少しずつ加える。

POINT●

にんじんの水分をギュッと絞ってから、生地に加えて混ぜる。

●材料（16×21×4.5cmのバット1台分）

A	薄力粉	150g
A	ベーキングパウダー	小さじ1½
A	シナモンパウダー	小さじ2
バター（食塩不使用）		70g
塩		ひとつまみ
グラニュー糖		80g
卵		3個
にんじん		250g
レモン（国産）の皮のすりおろし		½個分
〈クリーム〉		
	マスカルポーネチーズ	125g
	粉糖	70g
	レモン（国産）の皮のすりおろし・レモン汁	各½個分
	生クリーム	少々

下準備

・Aの粉類を合わせて1回ふるう。
・バター、卵、マスカルポーネチーズは室温に戻しておく。
・バットにオーブンペーパーを敷く。
・オーブンを175℃に予熱する。

1

にんじんは皮をむいて2cm角くらいに切り、フードプロセッサーに入れて粗みじんになるまで回す。

2

厚手のペーパータオルをバットに敷き、①のにんじんを入れて広げ、水分を取る。

3

ボウルにバターと塩を入れハンドミキサーで混ぜ、グラニュー糖を2回に分けて加え、溶き卵を少しずつ分離しないよう混ぜる。

4

②のにんじんの水分を絞って③のボウルに入れ、レモンの皮のすりおろしを加える。へらに持ちかえて、よく混ぜる。

5

④のボウルに、ふるっておいたAの粉類を2～3回に分けてふるい入れ、その都度、粉気がなくなるまでしっかりと合わせる。

6

オーブンペーパーを敷いたバットに⑤の生地を入れて広げ、軽くバットの底をたたいて生地を落ち着かせ、表面を平らにする。

7

175～180℃のオーブンの中段で40分ほど焼く。竹串を刺して何もついてこなければOK。紙ごとバットから出して冷ます。

8

ボウルにマスカルポーネと粉糖を入れて柔らかく練り、残りの材料を混ぜてクリームを作る。⑦のケーキにぬって、切り分ける。

チョコレートケーキ

Chocolate Cake

ココア生地にガナッシュをぬった、コクのあるお菓子です。生地作りの手順はP52～53の薄焼きスポンジとほぼ同じ。ココアパウダーと溶かしバターを加えるところだけが違います。バットで焼くので上面が広く、たっぷりのチョコレートが楽しめます。

●材料（16×21×4.5cmのバット１台分）

薄力粉	100ｇ
ココアパウダー	30ｇ
ベーキングパウダー	小さじ½
バター（食塩不使用）	50ｇ
塩	ひとつまみ
卵	4個
グラニュー糖	90～100ｇ
水	大さじ１
〈ガナッシュ〉	
チョコレート	200ｇ
生クリーム	½カップ

下準備

・バター、卵は室温に戻しておく。
・チョコレートは細かく刻む。
・バットにオーブンペーパーを敷く。
・オーブンを170～180℃に予熱する。
・作り方③の湯せん用の湯（50～60℃）を用意する。

●作り方

1 薄力粉、ココアパウダー、ベーキングパウダー、塩を合わせ、２回ふるっておく。
2 バターは湯せんにかけて溶かすⓐ。
3 ボウルに卵を割り入れ、ハンドミキサーでほぐす。大きめのボウルに50～60℃の湯を入れ、弱火で湯せんにかけながら泡立てⓑ、グラニュー糖を３回に分けて加え、その都度泡立てる。
4 卵液が40℃くらいに温かくなったら、湯せんからはずす。卵液が冷めて、もったりとリボン状になるまで、さらに10分ほど泡立て、低速できめを整えるⓒ。
5 分量の水を加えてよく混ぜ、①の粉を３回に分けてふるい入れ、泡立て器でその都度、粉気がなくなるまで底からすくい上げて落とす動作をくり返す。
6 ②のバターを湯せんからはずし、⑤の生地を大さじ３ほど入れ、泡立て器で混ぜてなじませるⓓ。
7 ⑥を⑤の表面にふりまくようにして入れ、泡立て器で底からすくい上げて落とす動作をくり返す。
8 オーブンペーパーを敷いたバットに生地を流し入れ、オーブンの中段で30～35分焼く。
9 ガナッシュを作る。ボウルに生クリームを入れて湯せんにかけ、温まったら、刻んだチョコレートを一度に入れ、溶けてきたら混ぜる。溶けずに残るようなら、再び湯せんにかけて完全に溶かす。
10 ⑧に竹串を刺してみて、何もついてこなければ焼き上がり。バットから出し、ペーパーごと網にのせて冷ます。
11 オーブンペーパーをはがす前に、⑨をぬる。ガナッシュが固まったらペーパーをはがし、包丁を湯で温めて、好みの大きさに切り分ける。

POINT ⓐ

バターは室温に戻しておくと、湯せんにかけたときも早く溶ける。完全に溶かしてから使う。

POINT ⓑ

卵液は50～60℃の湯せんにかけながら泡立てる。温めながらグラニュー糖を溶かし、しっかりと泡立てていく。

POINT ⓒ

卵液が40℃くらいの温度になったら、湯せんからはずしてさらにしっかり泡立てる。冷めてもったりし、字が書けるまでが目安。

POINT ⓓ

溶かしバターと生地は混ざりにくいので、最初に少量の生地を溶かしバターに入れてなじませ、それを生地に戻し入れる。

基本のパン

フードプロセッサーと手でこねる簡単なプチパンを中心に

うちでよく作る基本のプチパンは、小さな丸いパンです。バターやジャムをぬって朝食にしたり、洋風おかずと一緒に夕食にも。材料は強力粉と薄力粉が２対１で、ドライイーストを使って発酵させます。強力粉は生地に弾力をだす役目がありますが、薄力粉を少し加えると、作業しやすくなります。薄力粉を混ぜるこの配合は、扱いやすくてやさしいレシピになっています。

生地作りの途中までは、フードプロセッサーを使います。全体で何百回もこねるところを、一部フードプロセッサーに助けてもらうので、とってもラク。基本は丸い形ですが、形は自在に変えられて、バットを使って焼くのもＯＫ。平たくのばして、シナモンロールも作れます。ドライイーストを使った発酵方法をマスターするのにちょうどいいので、ぜひチャレンジしてみてください。

ほかにも、人気のあるフォカッチャや全粒粉のパンをご紹介します。フォカッチャはオリーブオイルを使って作るパンで、皮はカリッ、中はふわっとした独特の食感がおいしい。全粒粉のパンはイーストをまったく使わないで、小麦粉のもっている自然の酵母で発酵させる方法なので、粉自体の風味が楽しめます。バターやチーズとの相性は抜群！　どちらもワインと合うので、食事のときのパンにおすすめです。

基本のプチパン

Simple Bread

生地にほどよくコシがあって、サクッとした軽さのパンです。生地は、最初はフードプロセッサーでこねて、そのあと手でなめらかになるまでよくこねるのがコツ。発酵は部屋の温度や湿度などで変わるので、何度か試してみてください。冬は日の当たる窓辺などに置きましょう。

基本のプチパン

生地は体重をかけるようにして、
なめらかになるまでしっかりこねます。
生地はやさしく扱い、発酵はしっかりと。

POINT● フードプロセッサーを回したあと、
手で10分以上、生地をしっかりとこねる。

POINT● 一次発酵は約3倍の大きさになるまで。
様子を見ながら時間を調整する。

POINT● 焼くときに生地が乾かないよう、
湯を入れたバットをオーブンへ。

●材料（直径約9cmのもの6個分）

強力粉	200g
薄力粉	100g
ドライイースト	5g
塩	4g
グラニュー糖	大さじ1½
（またはメープルシュガー	大さじ2）
卵	2個
オリーブオイル	大さじ2
牛乳	½カップ

下準備

- フードプロセッサーには、パンこね用の刃をセットする。
- 天板にオーブンペーパーを敷いておく。
- オーブンを170℃に予熱する。
- 生地用のボウル（直径22cm、深さ10cmくらい）には、オリーブオイル少々（分量外）をぬる。

1

強力粉、薄力粉、ドライイースト、塩、グラニュー糖をフードプロセッサーに入れ、全体が混ざるまで回す。

2

オイルをぬっていない別のボウルに卵を割り入れ、オリーブオイル、牛乳を加えて泡立て器でよく混ぜる。

3

②の卵液を①に少しずつ加えながら、フードプロセッサーを回す。パルス操作（1～3秒押す）をして様子を見ながら、トータルで2～3分間回す。

4

③のフードプロセッサーを回す目安は、生地がまとまればOK。触ってみて、手についてこなければ台に取り出す。台に打ち粉をする必要はない。

5

体重をかけるようにして10分以上、両手で生地をこねる。最初は生地が少しべたべたしているが、だんだんなめらかな感じになってくる。

6

オイルをぬったボウルに⑤の生地を入れ、ラップをふわっとかける。30℃くらいの暖かい場所に、1時間ほどおいて発酵させる（一次発酵）。約3倍になるのが目安。

7

発酵した⑥の生地にラップがはりついているので、そっとやさしくはずす。中央に握りこぶしを軽く1度入れて、ガス抜きをする。

8

⑦の生地を取り出し、両手で表面を張らせるようにまとめることを何度かくり返し、やさしく軽くガス抜きをする。

9

⑧の生地を再びボウルに戻し、ラップをふわっとかけて、30℃くらいの暖かい場所でさらに20分休ませる。

10

⑨の生地を台に取り出し、軽く押さえて平たくする。包丁に強力粉（分量外）をつけ、生地を6等分に切る。

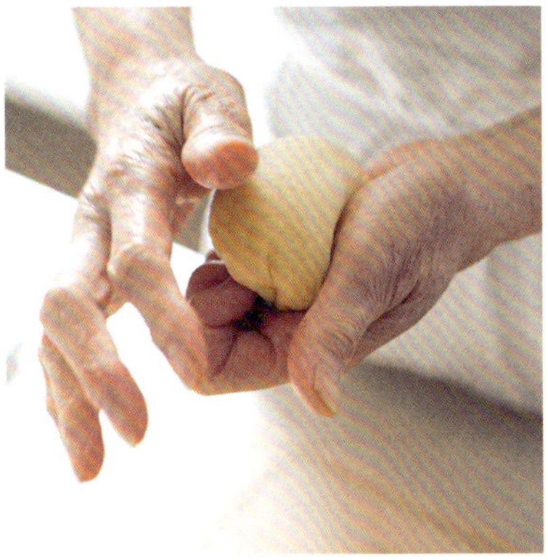

11

切り分けた生地を手に取って裏返し、気泡をつぶさないように注意しながら、表面を張らせるようにして丸める。残りの生地も同様に丸める。

12

オーブンペーパーを敷いた天板全体に、茶こしで強力粉（分量外）をふり、⑪の生地を間をあけて並べる。生地の上からも強力粉をふり、ラップをふわっとかける。

13

30℃くらいの暖かい場所で40～50分、二次発酵させる。温度が少し低い場合は、さらに長くおくとよい。写真は二次発酵が終わった状態。ラップをはずす。

14

170℃のオーブンの下段に熱い湯を張ったバットを入れ、中段に⑬を入れ、30分ほど焼く。薄くきつね色になったら焼き上がり！天板から取り出し、網にのせて冷ます。

同じ生地で形違いに

バット(16×21×4.5cm)を使うと、プチパンと同じ生地で、こんな形違いのパンが作れます！

●作り方

1 バットにオーブンペーパーを敷く。
2 P94〜95のプロセス⑨まで同様に進み、生地を12等分に切る。丸めて①に並べ、ラップをふわっとかける。約30℃の場所で40〜50分発酵させる。
3 プロセス⑭と同様に焼き、手で割る。

POINT

並べるとき、生地どうしの間が狭くてもOK。割って食べるので。

●作り方

1 バットにオーブンペーパーを敷く。
2 P94〜95のプロセス⑩まで同様に進み、生地を6等分に切る。15cmまでの長さに細長く成形し、①に並べてラップをふわっとかける。約30℃の場所で40〜50分発酵させる。
3 プロセス⑭と同様に焼き、手で割る。

POINT

バットの中に生地がちゃんと入るよう、長さは15cm以内に成形すること。

POINT ⓐ

全体が同じ味になるよう、バターは均等に間隔をあけてのせる。

POINT ⓑ

生地がくっつかないよう、包丁に強力粉をつけながら切っていく。

シナモンロール

Cinnamon Roll

シナモンとバターの香りがおいしい、甘いシナモンロール。バットに詰めて焼き、手で割って食べます。生地をのばすとき、気泡をつぶさないようにするのがコツです。もしメープルシュガーが手に入れば、グラニュー糖の代わりに使うと、さらに風味がよくなります。

●材料（12個分）

強力粉	200g
薄力粉	100g
ドライイースト	5g
塩	4g
グラニュー糖	大さじ2
（またはメープルシュガー	大さじ3）
卵	2個
オリーブオイル	大さじ2
牛乳	½カップ
〈中に巻くもの〉	
シナモンパウダー	大さじ1
グラニュー糖	大さじ3～4
（またはメープルシュガー	大さじ4～5）
バター	50g

下準備

・バット（16×21×4.5㎝）にオーブンペーパーを敷いておく。

・そのほかはP94の下準備と同じ。

●作り方

1 P94～95のプロセス⑨まで同様に進む。

2 打ち粉（分量外）をした台に①の生地を取り出し、めん棒で24×36㎝、厚さ約1㎝にそっとのばす。このとき、ギュウギュウ押すと気泡が抜けてしまうので、必ずそっとやさしくのばすこと。

3 シナモンパウダー、グラニュー糖を全体にふり、バターをちぎって全体に散らすようにのせる。

4 長いほうの辺から、のり巻きのように巻くⓐ。巻き終わりの生地がくっつかない場合は、水少々をつけて閉じる。

5 包丁に強力粉（分量外）をつけながら、12等分に切り分けるⓑ。

6 オーブンペーパーを敷いたバットに、⑤の切り口を上にして並べ入れる。ラップをふわっとかけ、30℃くらいの暖かい場所で40～50分、発酵させる。

7 170℃のオーブンの下段に、熱い湯を張ったバットを入れる。⑥のラップをはずして中段に入れ、30分ほど焼く。きつね色になったら焼き上がり！

8 バットから取り出し、網にのせて冷まし、手で割る。

ローズマリーのフォカッチャ

Focaccia with Rosemary

食事のときや、ちょっとおなかがすいたときにおすすめのパン。フードプロセッサーを使うので、生地作りは簡単にできます。焼く前にオリーブオイルをたっぷりかけると、表面がカリッと香ばしく焼き上がります。黒オリーブなどをのせてもおいしい。

POINT●
ぬるま湯は様子を見て加え、生地がつきたてのお餅くらいになればOK。

POINT●
耳たぶくらいの柔らかさになるまで、10分くらいしっかりと生地をこねる。

●材料（直径約20cmのもの１枚分）

強力粉	150g
薄力粉	150g
ドライイースト	5.5g
塩	小さじ１強
オリーブオイル	大さじ２
ぬるま湯	１カップ（様子を見て使う）
〈トッピング〉	
ローズマリー	適量
オリーブオイル	適量
粗塩	適量

下準備

・フードプロセッサーには、パンこね用の刃をセットする。
・天板にオーブンペーパーを敷いておく。
・オーブンを200℃に予熱する。
・直径22cm、深さ10cmくらいのボウルに、オリーブオイル少々（分量外）をぬる。

1

強力粉、薄力粉、ドライイースト、塩をフードプロセッサーに入れて軽く回し、オリーブオイルを少しずつ加えながら回す。

2

ぬるま湯を少しずつ加えながら回し、つきたてのお餅くらいの柔らかさになればOK。ぬるま湯は必ずしも全部使う必要はない。

3

生地を台にとって、10分ほどこねる。表面がなめらかになって、耳たぶくらいの柔らかさになればOK。打ち粉は必要ない。

4

オイルをぬったボウルに③の生地を入れ、ラップをふわっとかける。30℃くらいの暖かい場所に、１時間ほどおいて発酵させる。

5

生地が３倍くらいになればOK。発酵した生地にラップがはりついているので、そっとやさしくはずす。

6

中央に握りこぶしを軽く１度入れて、ガス抜きをする。生地をまとめて、オーブンペーパーを敷いた天板にのせる。

7

めん棒、または手で直径約20cm、厚さ約１cmにやさしくのばし、ラップをふわっとかけて、さらに20〜30分休ませる。

8

指に粉をつけてくぼみを作り、ローズマリーを散らし、オイルをかけて粗塩をふる。200℃のオーブンの中段で、25分ほど焼く。

イーストなし 全粒粉の黒パン

Whole Wheat Flour Bread without Dry Yeast

イーストを使わない自然発酵のナチュラルパン。必ず全粒粉を使ってください。素朴な味がしみじみ伝わります。薄く切ってバターをぬったり、チーズと合わせてもおいしい。両手でしっかり生地をこねることと、暖かい場所で気長に発酵させるのがコツ。

POINT●

ぬるま湯は様子を見て、生地が耳たぶよりややかためになるまで加える。

POINT●

30℃くらいの場所に24時間おいて、気長に一次発酵させるのがコツ。

●材料（8.5×19×深さ6cmのパウンド型1台分）

全粒粉	400g
塩	小さじ1
グラニュー糖	大さじ1½
（またはメープルシュガー	大さじ2）
ぬるま湯	1½カップ（様子を見て使う）

下準備

- パウンド型にオーブンペーパーを敷いておく。
- オーブンを170℃に予熱する。

1

ボウルに全粒粉、塩、グラニュー糖、ぬるま湯1カップを入れ、握るようにこねる。残りのぬるま湯を少しずつ加えてこねる。

2

耳たぶよりややかためになったら台に取り出し、両手で力を入れて300回ほどこねる。ボソボソした状態がなめらかになってくる。

3

楕円形にまとめ、ラップでぴっちり二重に包む。30℃くらいの暖かい場所に24時間ほどおいて発酵させる（写真は24時間後）。

4

表面に気泡が見えると発酵しているので、ラップをはずす。生地が柔らかくなっていて、中にも気泡ができていればOK。

5

生地を再び台に取って、両手で100回ほど、7～8分ていねいにこねる。生地を楕円形にまとめる。

6

⑤をオーブンペーパーを敷いた型に入れ、ふわっとラップをかける。30℃くらいの暖かい場所に、5時間ほどおいて発酵させる。

7

ラップをはずし、170℃のオーブンの中段で、40分ほど焼く。竹串を刺してみて、何もついてこなければOK。

8

オーブンペーパーをはがして、網の上でほの温かいくらいまで冷ます。ラップに包んでさらに冷ますと、ほどよくしっとりする。

Part 3

おやつに、食後に、おもてなしに。ゼリーとアイスクリーム

どの季節でも！冷たいデザート

ツルンとした口当たり、心地よいのどごし……。デザートに、おやつに、冷たいデザートは季節を問わず喜ばれますね。

ゼリーを作るとき、私は板ゼラチンを使っています。作るゼリーによって、フルフルの柔らかいのがよい、ちょっとしっかりめがよいなど、いろいろです。私のゼリーの基本量は、液体200mℓに2枚（1.5g×2枚）。この量で作れば、柔らかくてフルフルした口当たりに仕上がります。プルッとした食感にしたいとき、また、容器からはずして盛りつけるときは、½枚ほどプラスします。これさえ覚えておけば自由自在。初めての方は一度作ってみて、自分の好みのかたさになるように、ゼラチンの量を変えてみましょう。

アイスクリームやシャーベットも、牛乳や生クリーム、フルーツ果汁をステンレス容器に入れて冷凍するだけで、家庭ならではの味と食感のものができます。また、市販のアイスクリームをアレンジするのも楽しいもの。黒ごまを混ぜたり、フルーツのソースやラムレーズンをかけたり……。あっという間にできて、誰もが好きな味。おもてなしのときなど、きっと驚かれると思います。

ゼリー

ゼリーはツルリとのどごしがよく、いろいろなアレンジがきいて、おやつにも食後のデザートにもぴったり。しかもとても簡単にできるので、ぜひコツを覚えて、お好みの味と食感で楽しんでください。

板ゼラチンの扱い方とコツを覚えましょう

板ゼラチンは粉よりも扱いやすく、気軽に使えます。1枚が1.5gとなっている場合がほとんどで、でき上がりの柔らかさは好みで自由にできます。私は柔らかくフルフルした感じが好きなので、液体1カップに対して2枚を基本にしています。ゼラチンはタンパク質でできており、生のパイナップル、パパイア、キウイ、メロン、いちじく、梨、しょうがなどは、タンパク質分解酵素を含んでいるため、固まりにくいので、少し加熱し酵素を壊します。

POINT①
ボウルにたっぷりの水を入れ、板ゼラチンを1枚ずつ入れ、柔らかくなるまで10～15分ほどふやかす。
●果汁や牛乳など、液体1カップ(200mℓ)に対して2枚(1.5g×2枚)が目安。柔らかくフルフル。
●1カップに2½枚＝柔らかくツルリ。器からはずす場合もこの分量。
●1カップに3～3½枚＝容器を氷水に当てて早く固めたいとき。

POINT②
ゼラチンは水気をきり、温まった液体の中に入れ、弱火でゆっくりと混ぜながら煮溶かす。50～60℃で溶けるが、沸騰させると固まりにくくなるので注意して。ゼラチンを熱い液体に入れるときは、火から下ろしてから入れる。常温の液体に入れるときは、まず湯に入れて弱火で混ぜながら煮溶かして、液体の中に回し入れ、混ぜる。

POINT③
ゼラチンが煮溶けたら、すぐに火から下ろし、粗熱を取り、容器に入れて冷蔵庫で数時間冷やす。18～20℃で固まりはじめるが、完全に固めるには10℃以下で。早く固めたいときは、深めのバットに氷水を張って容器ごと冷やす。
●この場合、板ゼラチンは、液体1カップに対して1～1½枚増やしておく(POINT①参照)。

フルーツジュースのモザイクゼリー

Fruit Juice Jelly

同じ色のトーンの2～3種類のフレッシュジュースでゼリーを作り、グラスに盛りつけます。横から見ると、モザイク模様のように美しいので、おもてなしにも。お酒をきかせた生クリームのソースで。

●材料(4人分)

ジュース(2～3色)	各1カップ
板ゼラチン	
ジュース1カップにつき1.5g×2～2½枚	
〈クリームのソース〉	
生クリーム	100mℓ
砂糖	大さじ1
グランマルニエまたはコアントロー	小さじ1～2

●作り方

1 ボウルにたっぷりの水を入れ、板ゼラチンを1枚ずつ入れて、柔らかくなるまで10分ほどふやかしておく。
2 小鍋に1種類ずつジュースを入れ、50～60℃に温め、①のゼラチンを加えてよく混ぜ、煮溶かし、火を止める。
3 ステンレス容器に流して粗熱を取り、冷蔵庫で2～3時間冷やし固める。
4 生クリームに砂糖とグランマルニエまたはコアントローを加え、とろりとしはじめる五分立てくらいに泡立てる。
5 ③のゼリーをスプーンですくってグラスなどに彩りよく入れ、④のクリームをスーッとかけていただく。

上からかける生クリームは、グランマルニエやコアントローを加えて軽く泡立てる。とろりとした感じに。

POINTⓐ

レモンは、白い部分に苦みがあるので、皮は薄くむくとよい。

POINTⓑ

レモン汁をしぼり入れる際、ざるの上でしぼると種が入らない。

レモンゼリー

Lemon Jelly

農薬を使わないレモンが手に入ったら作ります。レモンの皮に香りの成分があるので、皮を煮だして香りを十分に引き出し、しぼり汁も加えます。レモンと水に甘みを加えただけのピュアな味わい。柔らかく仕上げたいときはグラスで固めて。ゆるゆるのゼリーの食感も楽しんでください。

●材料（2～4人分）

板ゼラチン	1.5g×2～2½枚
レモン	1個
水	1カップ
グラニュー糖	½カップ
〈はちみつレモンソース〉	
はちみつ	大さじ1～2
水	大さじ2
レモン汁	大さじ1½

●作り方

1 ボウルにたっぷりの水（分量外）を入れ、板ゼラチンを1枚ずつ入れて、柔らかくなるまで10分ほどふやかしておく。

2 レモンの皮の黄色い部分を薄くむき、鍋に水とともに入れ、弱めの中火にかける。

3 ふつふつしてきたら弱火にして、グラニュー糖を加えるⓐ。途中、皮をへらなどで押しつぶして、香りを立てるようにし、砂糖が煮溶けるまで7～8分煮て皮を取り出す。煮すぎると苦くなるので注意して。

4 ②のレモン汁をしぼり入れⓑ、①のゼラチンも加えて沸騰しないよう煮溶かし、火を止めて、粗熱を取る。

5 器に注ぎ、冷蔵庫で2～3時間冷やし固める。

6 はちみつレモンソースの材料を合わせ、⑤の上に注ぐ。

POINT ⓐ

和三盆糖に牛乳を少しずつ混ぜ合わせながら入れると溶けやすい。

POINT ⓑ

ソースはスプーンで静かに流し入れるときれいに仕上がる。

和三盆のパンナコッタ

Wasanbon Panna Cotta

イタリア・ピエモンテ州発祥のスイーツで、パンナは生クリーム、コッタは煮たという意味。やさしい甘さ、さわやかなコクのある和三盆を使った、日本とイタリアのいいとこどりのゼリーです。生クリーム100%だと重いので、私は牛乳と合わせます。ソースにラム酒を加え、大人の味に。

●材料（グラス（小）４〜５個分）

板ゼラチン	1.5ｇ×４枚
和三盆糖	大さじ２〜３
牛乳	１⅓カップ
生クリーム	⅔カップ
〈ソース〉	
和三盆糖	大さじ４
ラム酒	大さじ１

●作り方

1 ボウルにたっぷりの水を入れ、板ゼラチンを１枚ずつ入れて、柔らかくなるまで10分ほどふやかしておく。

2 鍋に和三盆糖と牛乳を入れてⓐ弱火にかけ、和三盆糖を煮溶かす。

3 ②に生クリームを加える。煮立たせないようにして、①のゼラチンを加え、混ぜながら溶かし、火を止める。牛乳の膜が張ってしまったら取り除く。

4 人肌になったらグラスに注ぎ、冷蔵庫で２〜３時間冷やし固める。

5 ソースを作る。ラム酒に和三盆糖を加えて溶かす。④にスプーンで注ぐⓑ。

POINT

グラニュー糖を溶かしたコーヒー液の中にゼラチンを加えればOK。

コーヒーゼリーと紅茶のゼリーのミルクがけ

Coffee Jelly & Tea Jelly with Milk

みんなが好きなコーヒーゼリーと紅茶のゼリー。これは、たっぷりの冷たいミルクといただくフルフル柔らかい食感のゼリーです。ミルクに少し甘みをつければおやつに、リキュールやブランデーを加えれば大人のデザートに。

●材料（各２人分ずつ）

〈コーヒーゼリー〉	
板ゼラチン	1.5ｇ×２½枚
インスタントコーヒー	大さじ１～１½
グラニュー糖	大さじ１½～２
熱湯	１¼カップ強
〈紅茶のゼリー〉	
板ゼラチン	1.5ｇ×２½枚
紅茶の葉（アールグレイなど）	大さじ１強
熱湯	１¼カップ強
牛乳（冷たいもの）	適量

●作り方

1 ボウルにたっぷりの水を入れ、板ゼラチンを１枚ずつ入れて、柔らかくなるまで10分ほどふやかしておく。

2 ボウルにインスタントコーヒーとグラニュー糖を入れ、熱湯を注ぎ、溶かす。

3 ②のコーヒーに①のゼラチンを加えてよく混ぜ、ステンレス容器に流し、冷蔵庫で冷やし固める。

4 紅茶は、茶葉に熱湯を注いで入れ、茶こしでこす。①のゼラチン、好みで砂糖（分量外）を加え混ぜ溶かし、ステンレス容器に流して、氷水で素早く冷やしてから冷凍庫で凍らせないよう冷やし固める。急冷すると色が濁らない。

5 ゼリーをそれぞれの器にすくい入れ、牛乳をかける。

※かける牛乳には好みでシロップを。コーヒーゼリーはカルーア、紅茶のゼリーはブランデーなど、お酒の香りをつけると大人向きに。

POINT ⓐ

半分に分けたゼリー液の一方は、底を氷水に当て、しっかり泡立てる。

POINT ⓑ

泡立てたほうを冷やし固めてから、もう一方のゼリー液を少しずつ流す。

コーヒースポンジゼリー

Coffee Sponge Jelly

同じゼリー液を２つに分け、ひとつは泡立て、もう一方はそのままで、２段にして冷やし固めます。同じゼリー液なのに、見た目も食感も違うのがユニーク。泡立てたほうは、まるでムースのようにさっくり軽い口当たり。柔らかめの生クリームをたっぷりかけてどうぞ。

●材料（直径20㎝のリング型１台分）

板ゼラチン	1.5g×7½～7¾枚
インスタントコーヒー	大さじ３
熱湯	大さじ３
グラニュー糖	⅔～１カップ
水	３カップ
ラム酒	大さじ１
〈ソース〉	
生クリーム	200㎖
砂糖（好みで）	大さじ１

●作り方

1 ボウルにたっぷりの水（分量外）を入れ、板ゼラチンを１枚ずつ入れて、柔らかくなるまで10分ほどふやかしておく。
2 インスタントコーヒーを熱湯に溶かす。
3 鍋に水とグラニュー糖を入れ、火にかけて溶かし、②を混ぜ、火から下ろす。
4 ③に①のゼラチンを加え溶かし、ラム酒を加えて混ぜる。
5 ④を半分に分けてそれぞれボウルに入れ、粗熱を取る。
6 一方のボウルは氷水に当て、とろっとしてきたら泡立てるⓐ。全体が白っぽく泡立ったら、水でぬらした型に流し入れ、氷水に当て30分～１時間冷やす。
7 ⑥がしっかり固まってきたら、もう一方の泡立てないゼリー液を玉じゃくしで静かに流し入れⓑ、冷蔵庫で２～４時間冷やし固める。
8 器に⑦をのせ、生クリームを六分立てにして、たっぷりと添える。

POINT

卵と牛乳で作るやさしい味。フルーツで味のポイントを。

卵とミルクのゼリー

Egg & Milk Jelly

卵とミルクと砂糖だけで作るゼリー。生クリームを入れて作るババロアよりも、あっさりと軽い食感です。これだけでもおいしいですが、はちみつとレモンをからめたトロピカルフルーツとともに食べると、フルーツがソース代わりになって、絶妙の味。卵は新鮮なものを使ってください。

●材料（直径20cmのリング型１台分）

板ゼラチン	1.5g×8〜8¾枚
卵	3個
牛乳	2½カップ
砂糖	¾カップ
〈ソース代わりのフルーツ〉	
マンゴー	1個
パパイア	½個
はちみつ・レモン汁	各大さじ2

●作り方

1 ボウルにたっぷりの水を入れ、板ゼラチンを１枚ずつ入れて、柔らかくなるまで10分ほどふやかしておく。

2 鍋に牛乳、砂糖を入れ、温める程度の温度で砂糖を煮溶かし、火から下ろす。

3 ①のゼラチンを入れ、軽く混ぜて溶かし、粗熱を取る。

4 ボウルに卵を入れてよく溶きほぐし、粗熱の取れた③を混ぜ、泡立てないようにへらで静かに混ぜてこす。

5 水でぬらした型に④を流し入れ、冷蔵庫で２～数時間冷やし固める。

6 フルーツは皮をむいて小さく切り、はちみつとレモン汁をからめて冷やす。

7 器に⑤のゼリーと⑥のフルーツを盛りつける。

POINT

グラニュー糖が溶けたらグレープフルーツを2分ほど煮る。煮すぎない。

グレープフルーツのコンポートゼリー

Grapefruit Compote Jelly

グレープフルーツを軽く煮て、煮汁ごと固めたさわやかなゼリー。季節によって、りんごや洋梨、桃などを大きく切って煮て、同じようにゼリーにしてもおいしいですよ。カンパリがなければ、桂花陳酒を加えても、また違った美しい色と香りになります。

●材料（5〜6人分）

板ゼラチン	1.5g×5½〜6枚
〈コンポートフルーツ〉	
グレープフルーツ（ルビー）	2個
水	2½カップ
グラニュー糖	1カップ
レモン汁	½個分
カンパリ（または桂花陳酒）	大さじ2

●作り方

1 ボウルにたっぷりの水（分量外）を入れ、板ゼラチンを1枚ずつ入れて、柔らかくなるまで10分ほどふやかしておく。
2 グレープフルーツは皮をむき、房から出しておく。
3 コンポートフルーツを作る。小鍋に水とグラニュー糖を入れて火にかけ、グラニュー糖が煮溶けたらグレープフルーツを入れ、2分ほど煮る。
4 火から下ろし、①のゼラチンを加え、軽く混ぜて溶かし、レモン汁、カンパリを入れ混ぜる。
5 器またはステンレス容器に入れて、粗熱を取り、冷蔵庫で冷やし固める。

アイスクリーム

家庭ならではの気軽に作れるアイスクリームやシャーベットをご紹介。また、市販のバニラアイスクリームにひと手間かけて、さらにおいしくいただくアイデアも！

コンデンスミルクとライムのアイスクリーム

Condensed Milk & Lime Ice Cream

コンデンスミルクの凝縮した甘さに、ライムのすっきりした酸味を加えると、パンチのある甘酸っぱさに。コンデンスミルクだけでは濃厚すぎるので、牛乳を加えてライトな味に仕上げています。簡単な作り方なのに、アイスクリームのコクとなめらかさが楽しめます。

1

ライムをしぼる。ライムは皮がかたいので、電動スクイーザーを使えば簡単にしっかりしぼることができる。

2

コンデンスミルクをボウルにあける。

3

②に牛乳を加え、混ぜる。

4

③にライム果汁を加える。味をみながら少しずつ加える。

5

全体がよくなじむようにしっかり混ぜ合わせたら、ステンレス容器に移し、ふたをして冷凍する。

6

凍ったら取り出し、スプーンでかき取るようにくずし、さらに冷凍する。できればこれを2回くり返すと、なめらかに仕上がる。

POINT●

ライムの酸味は好みで調節して。レモンでもOK。

POINT●

凍ったらかきくずし、また凍らせる。くり返すほどになめらかになる。

●材料（4人分）

ライム	3～4個
（またはレモン	2個）
コンデンスミルク	1缶（397ｇ）
牛乳	⅔カップ

POINT ⓐ

卵白を泡立てながら、グラニュー糖と水を煮つめたものを少しずつ加える。

POINT ⓑ

凍らせてくずしたメレンゲに、ココナッツクリーム、生クリームを混ぜる。

ココナッツミルクのアイスクリーム

Coconut Milk Ice Cream

ココナッツミルクの純白のエスニック風アイスクリーム。しっかりとしたなめらかなメレンゲを作ることが、ふんわりしたおいしさのポイント。かたく泡立てた卵白に水とグラニュー糖を煮つめたものを少しずつたらしながら泡立て続けます。手順よく作ってみてください。

●材料（５～６人分）

〈メレンゲ〉		
	卵白	２個分
	グラニュー糖	50g
	水	大さじ３
缶詰のココナッツクリームまたはココナッツミルクの白いかたまりのところ		½カップ
A	生クリーム	200mℓ
A	砂糖	大さじ２
あればライムやスターフルーツなど		

●作り方

１卵白をボウルに入れ、かたく泡立てる。

２グラニュー糖と水を小鍋に入れ、火にかける。箸の先につけて氷水に落とすとゆるい玉になるくらいまで煮つめる。

３①の卵白を泡立てながら、②を少しずつ加えてメレンゲを作るⓐ。こうすると、なめらかでしっかりしたメレンゲになり、ふんわりした口当たりに。

４③のメレンゲをボウルごと、冷凍庫に２時間ほど入れる。

５ココナッツクリームは裏ごしする。Aは合わせて八分立てに泡立てる。

６凍ったメレンゲをフォークでザクザクくずし、⑤のココナッツクリームと泡立てたクリームを加えてかき混ぜるⓑ。

７ステンレス容器に入れ、再び冷凍し、器に盛りつけて、あればライムやスターフルーツを添える。

※泡立てはハンドミキサーを使うとラク。

POINT ⓐ

しゃもじを使って桃を裏ごしする。桃は熟した生がなければ缶詰で。

POINT ⓑ

冷凍したメレンゲと桃の裏ごしをさっくり合わせる。混ぜ合わせないで。

ピーチ・スノウ

Peach Snow

裏ごしした桃とメレンゲをそれぞれ冷凍して、さっくり合わせて盛りつけます。その名のとおりふんわりした雪のよう。口の中でふわっと溶け、シャーベットよりもさらに軽い感じの口当たり。このままでもおいしいけれど、カラメルソースをかけても美味。黄桃の缶詰でもおいしい。

●材料（４人分）

白桃の缶詰	３〜４切れ
〈メレンゲ〉	
卵白	２個分
グラニュー糖	30ｇ
水	大さじ２
〈カラメルソース〉	
グラニュー糖	40ｇ
水	大さじ６

●作り方

1 桃は裏ごしして ⓐ、冷凍庫へ入れる。
2 卵白はかたく泡立てる。
3 グラニュー糖と水を小鍋に入れ、火にかける。箸の先につけて氷水に落とすとゆるい玉になるくらいまで煮つめる。
4 ②の卵白に③を少しずつたらしながらさらに泡立て、メレンゲを作り（こうすると、なめらかでしっかりしたメレンゲになる）、ボウルごと冷凍庫へ。
5 ①と④を１時間ほど冷凍し、少しかたくなったところで、桃のほうにメレンゲを入れてさっと合わせ ⓑ、器に盛る。
6 好みでカラメルソースをかける。

〈カラメルソースの作り方〉

小鍋にグラニュー糖と水大さじ２を入れ、弱火で鍋をゆすりながら煮つめ、きつね色になったら水大さじ４を加えて溶かし、ゆすりながらゆるいとろみがでるまで煮る（へらなどで混ぜない）。

POINT ⓐ

材料を全部一緒に軽く撹拌するだけ。写真はスティックミキサーを使用。

POINT ⓑ

2時間ほど冷凍したところ。完全に凍らせないでこのくらいが食べごろ。

桃のクリームシャーベット

Peach Cream Sherbet

クリーミーな舌ざわり、リッチな味わいの特製シャーベット。ベトナムで出会った果物、チェリモヤの、濃厚ながらさわやかな味を再現したくてできたのがこれ。桃の甘さに、レモン汁で酸味をきかせるのがおいしさのポイント。

●材料（４人分）

白桃の缶詰	３～４切れ
生クリーム	100㎖
砂糖	小さじ３～４
レモン汁	１個分

●作り方

1 白桃、生クリーム、砂糖、レモン汁をミキサーかフードプロセッサーに入れ、混ぜ合わせる程度に撹拌するⓐ。桃の果肉がブツブツした感じで少し残るくらいのほうが、豊かな味わいに仕上がり、おいしい。

2 ステンレス容器に①をあけて冷凍庫に入れ、カチカチに固まる少し前くらいにいただくⓑ。

市販のアイスクリームを使って

POINT a

ごまから出た油で、全体が少ししっとりとするくらいまでする。

POINT b

アイスクリームは室温で柔らかくしておくと、ごまと混ぜやすい。

黒ごまのアイスクリーム

Black Sesame Ice Cream

ごまをすって、市販のバニラアイスクリームに混ぜるだけの簡単デザート。おどろくほどたくさんのごまを入れますが、一度食べたらやみつきになるほど。バニラアイスクリームとの相性抜群な、コクのあるクリーミーで香ばしい味。ごまの守備範囲は広いと改めて納得します。

●材料（４人分）

バニラアイスクリーム（市販品・乳脂肪分の多いもの）	１カートン（約450ｇ）
黒いりごま	$\frac{2}{3}$カップ

●作り方

1 ごまは軽くいり直すと香りがよくなる。
2 すり鉢かフードプロセッサーで、①のごまを油が少し出て、全体がしっとりするまでするa。
3 アイスクリームは冷凍庫から出して、室温で少し柔らかくしておく。
4 ③をボウルなどにあけて、②のごまを加え、手早く混ぜ合わせるb。
5 ④をステンレス容器に入れ、冷凍庫に入れて冷やし固める。

アイスクリームのオレンジソースがけ

Ice Cream with Orange Sauce

オレンジのさわやかさに、深みのある甘さと風味が加わった大人の味。ソースは、きれいな焦げ色のカラメルソースにしてからオレンジを加えるとおいしくできます。

●材料（4人分）

アイスクリーム（市販品・バニラ、オレンジなど）	適量
〈オレンジソース〉	
オレンジ	2個
グラニュー糖	大さじ4
水	小さじ2
コアントロー	大さじ1～2

●作り方

1 オレンジは薄皮までていねいに除き、実をざっと粗めに刻む。
2 小鍋にグラニュー糖と水を入れて弱火で鍋をゆすりながらカラメル状に煮つめ、①のオレンジを加えてカラメルが溶けるまで煮る。コアントローを加える。
3 アイスクリームを器に盛り、②のオレンジソースをかける。

タピオカ、フルーツ、ゆであずきとともに

Ice Cream with Tapioca, Fruit & Azuki Beans

アイスクリームがちょっと溶けはじめたくらいが食べごろ。タピオカやあずき、果物にとろりとからんで、いっそうマイルドな味わい。マンゴー、メロン、桃も合いますよ。

●材料（4人分）

バニラアイスクリーム（市販品）	適量
タピオカ（小粒）	40g
パパイア	½個
ゆであずき（P180参照。市販品でも）	½カップ

●作り方

1 タピオカは、水に1～2時間つけておく。
2 タピオカをいったんざるに上げ、熱湯で2～3分ゆで、氷水か冷水に取って冷ます。
3 パパイアは皮をむいて、角切りにする。
4 器に②のタピオカの水気をよくきって入れ、パパイア、ゆであずきも入れて、アイスクリームをのせる。

POINT ⓐ

なるべく枝つきの大粒レーズンを使って。ラム酒はダークなタイプで。

POINT ⓑ

ラム酒を常時ひたひたにしておけば、1年間ほど保存が可能。

ラムレーズン アイスクリーム

Rum Raisin Ice Cream

お手製のラムレーズンがあれば、いつでも食べられる超お手軽デザートです。小さなレーズンより大粒のものがおいしいので、枝つきの大粒を買い、ひと粒ずつはずしてラム酒に漬けておきます。ケーキに焼き込んだり、焼きりんごに使ったりと便利ですから、ぜひ常備して。

●材料（４人分）

バニラアイスクリーム（市販品・乳脂肪分の多いもの）	適量
自家製ラムレーズン	適量

●作り方

1 アイスクリームを器に盛り、ラムレーズンを好みでかける。レーズンを漬けたラム酒も好みでかける。

〈ラムレーズンの作り方〉ⓐⓑ

レーズン（枝つき）を枝からはずし、密閉容器に入れ、ダークラム酒をひたひたに注ぐ。２～３日たったら食べられる。ラム酒が減ったら、足していく。冷蔵庫で１年間ほど保存可能。

Part 4

卵たっぷりのカスタード

卵とミルクと砂糖の幸せなマッチング

卵を使ったお菓子といえば、まずはプリン。子どもから大人まで大好きですね。そしてもうひとつ、30年来この作り方ひと筋のカスタードクリーム。カスタードはこれでなきゃ、という娘たちの大好物です。このクリームを作っておけば、シュークリームやエッグタルトがすぐにできます。さらに、春巻きにして揚げたり、クロワッサンやサンドイッチ用パンに挟んだり。卵に牛乳と砂糖さえあれば、簡単に作ることのできる、身近なおやつばかりです。

卵はもっとも良質なタンパク質と言われています。しかも卵さえあれば何かしらおいしいおやつができるので、常備食品の筆頭です。

熱によって固まる性質や卵黄の乳化性、卵白の気泡性などを、お菓子作りに利用します。室温に戻しておくのが、卵を扱うときのポイント。泡が立ちやすくなり、きれいに仕上がります。

ご紹介するのは、家族のリクエストに応えて、何度も何度も作ってきたわが家のおやつの定番ばかり。皆さんもくり返し作ってみてください。これが一番の上達法ですよ。

カスタードプディング

大きな型で作ってなめらかな口当たりを楽しむ

プディング＝プリンといえば、小さな型で冷やしていただくというイメージがありますが、うちでは、好きなだけたっぷり食べたいので、大きな型で蒸し焼きにして作ります。

私は苦みのきいたカラメルが好きなので、カラメルソースをよく焦がしてあります。このように濃い茶色になるまで焦がすのがわが家流。少しイタリア風です。これをプディングの上にもかけ、下にもたっぷり敷いてあります。娘たちもほろ苦いカラメルが大好きで、「カラメルの湖にプディングが浮かんでるみたい」と笑いながら、ソースをたくさんからめて食べていました。カラメルの濃さは好みです。お好きな色に仕上げてください。

ほろ苦いカラメルとほんのり甘い生クリームはいい相性。これにプルーンの赤ワイン煮を添えるのが定番です。原点は女学生のころ、父に連れられて行った有楽町のコーヒー屋さんで食べたこの3つの組み合わせ。以来何十年と変わりません。

赤ワイン煮は作っておくと、デザートにもなり重宝します。作り方は簡単。ドライプルーン400g、グラニュー糖$\frac{1}{2}$〜$\frac{2}{3}$カップ、シナモン1本を鍋に入れ、ひたひたに赤ワインまたは紅茶を注ぎ、プルーンが柔らかくなるまで煮るだけです。

卵のお菓子にとても合うのがラム酒です。プディングにも、カスタードクリームにも加えてあります。お酒が苦手な方は入れなくてもＯＫです。

カスタードプディング

Custard Pudding

少々苦みをきかせた焦げ茶色のカラメルソースを上下に流して仕上げるのがわが家のスタイル。各自好きなだけすくって、たくさんからめて召し上がってください。カラメルソース作りは、あせらず、ゆっくりと。カラメルの色はお好みで、濃くも淡くもできます。

カスタードプディング

**目指すは「なめらかな口当たり」。
泡立て器を使っても、決して泡立てないこと。
カラメルソースの色や苦みは好みで調節して。**

POINT● 卵を決して泡立てないこと。泡立てると、あとから泡が上に浮いてきてしまうので。

POINT● 温めた牛乳は冷ましてから卵に加える。こうすれば、卵が固まらない。

POINT● カラメルはへらなどで混ぜるとザラつくので触らない。鍋をゆらして混ぜる。

●材料（14×22×3.5cmの耐熱皿１枚分）

牛乳	350mℓ
グラニュー糖	80ｇ
卵	中4個
ラム酒	大さじ１～２
〈カラメルソース〉	
グラニュー糖	½カップ
水	大さじ３
バター（型用）	適量

下準備

・オーブンを160℃に予熱する。

・耐熱皿にバターをたっぷりぬる。

※このレシピは、スプーンですくって各自に分けるので、ややかための仕上がり。柔らかめに仕上げたい場合は、牛乳400mℓ、卵大３個で作るとよい。

1

カラメルを作る。深めの小鍋にグラニュー糖を入れ、水を半量ほど加える。はねるので、鍋は必ず深めのものを用意すること。

2

中火にかける。混ぜずに鍋をゆらして、焦がしていく。好みの色に焦げてきたら、はねるので鍋を自分と反対側に傾けて、はねに注意しながら残りの水を少しずつ加える。

3

鍋の中で静かにとろりと流れて、器に流すことができる感じになるまで火を通す。水を少しずつ入れて、濃度を好みに調節するのがコツ。

4

カラメルの固まり具合を見る。グラスに入れた水に、箸でカラメルをすくって落とす。とろーんと落ちて、グラスの底で丸く固まったらちょうどよいかたさ。

5

カラメルがかたくなりすぎたら、水少々を加えて火にかけ、ちょうどよいかたさにする。耐熱皿にソースの半量を流し入れる。皿を傾けながら、均等に流していく。

6

プディングを作る。別の深鍋に牛乳を入れ、グラニュー糖を加えて弱めの中火にかける。泡立てないように静かに混ぜながら煮溶かす。沸騰させないように気をつけること。

7

グラニュー糖が溶けたら、ボウルに移し、冷ましておく。

8

卵を別のボウルに割り入れ、泡立て器を一の字を書くように左右に動かし、白身を切るようにして泡立てないように卵を溶く。

9

⑦の冷ました牛乳を泡立てないように⑧に静かに加え、静かによく混ぜる。白身を切るように混ぜるとよい。

10

⑨にラム酒を加える。軽く泡立て器で混ぜ合わせる。

11

⑩の卵液を⑤の耐熱皿にざるでこし入れる。このとき、卵液が泡立たないように、なるべくざるに近づけて注ぐ。ざるに残った白身を無理に押して入れないこと。

12

⑪の耐熱皿をバットに入れ、熱湯を張る。160℃のオーブンで40分、湯せんしつつ焼く。

13

焼き上がりは、表面を指先で押してみて、弾力があって固まっていたらOKサイン。

14

⑤で残したカラメルを弱めの中火にかけ、水少々(分量外)を少しずつ加えて鍋を揺すり、ゆるめてから、焼き上がったプディングの上にかける。

カスタードクリーム

いろいろなお菓子に使えるやさしい味の基本のクリーム

カスタードクリームさえあれば、シュークリームはもちろん、タルトやパイに、パンに挟んで簡単おやつにもなります。みんなが大好きなこのカスタードクリームを、これまでどれだけ作ったことでしょう。

　さまざまな作り方がありますが、私のは宮川敏子先生に習ったもの。若いころ、お菓子作りを宮川先生に教えていただき、この方法でずっと作り続けてきました。卵と粉は火の入る時間が異なるため、別々に火を入れていきます。理にかなったレシピだと思います。

　火にかけますから、道具はしっかりしたステンレスボウルと泡立て器を用意します。絶えずかき混ぜていくので、作りのしっかりしたものを選びましょう。牛乳と砂糖と粉にまず火を通し、次に卵黄を加えて火を通します。途中で手を止めることはできませんので、このときばかりは、電話が鳴っても知らぬ顔をしたものです。

　娘たちはとにかくシュークリームが大好きでした。そのためによくカスタードクリームを作りました。余ったら、クロワッサンやサンドイッチ用のパンに挟んだり、春巻きの皮にパイナップルと一緒に包んで揚げたり。冷蔵庫で3～4日保存できますので、2度目のお楽しみのおやつもぜひ作ってみてください。

カスタードサンド

Custard Cream Sandwich

わが家で人気No.1のおやつ、シュークリームに欠かせないカスタードクリーム。余れば、クロワッサンやサンドイッチ用パンに挟んでいただくのが定番の食べ方。一生懸命に混ぜて、つやつやでなめらかなクリームに仕上げてください。頑張った甲斐のあるおいしさが待っています。クロワッサンは上質なものを、食パンは柔らかいものを。

カスタードクリームを作る

なめらかなのにだれないのが
このクリームの魅力。火をほどよく通して、
腰を入れてかき混ぜるのがコツ。

POINT● 粉にしっかり火を通すことが重要。
粉っぽさが残らず、仕上がりが軽くなる。

POINT● 粉と牛乳に卵黄を加え、とにかくしっかり
混ぜる。この手間がなめらかな口当たりに。

POINT● 生クリームはかたく泡立てる。
泡をつぶさないようすくっては混ぜる。

●材料（作りやすい分量）

薄力粉	60g
コーンスターチ	15g
グラニュー糖	125g
牛乳	2 ¼カップ
卵黄	5個分
バター（食塩不使用）	大さじ2
ラム酒またはコアントロー	大さじ2
生クリーム	200mℓ

1

ボウルに薄力粉、コーンスターチ、グラニュー糖を入れて、泡立て器でよく混ぜておく。

2

①に、牛乳を2回くらいに分けて少しずつ加え、泡立て器でよく溶く。

3

②をざるでこす。ダマを無理に手でこし入れたりしないこと。

4

ぬれぶきんをそばに用意し、③を中火にかける。泡立て器で焦げつかないようにしっかり混ぜると、もったりしてくる。

5

手を休めずにかき混ぜ続ける。底からプクッと気泡が出てきたら火が通った証拠。ここで火を止め、ぬれぶきんの上に置く。

6

ボウルをぬれぶきんの上に置いたまま、⑤に卵黄を一度に加えて、しっかりとよく混ぜる。

7

再度、中火にかけ、卵黄に火を通すために、気泡がプクッとなってくるまでかき混ぜ続けたら、ぬれぶきんの上に置く。

8

⑦が熱いうちにバターを入れて泡立て器で混ぜて溶かし込む。

9

ラム酒を加えて混ぜ合わせる。冷めるまでときどき混ぜ合わせる。

10

クリームが十分に冷めたら、角が立つほどに泡立てた生クリームを２回に分けて加え、泡立て器で軽く混ぜ合わせる。

11

へらにかえ、なめらかになるまで、よく混ぜ合わせる。

12

生クリームがよく混ざり、表面がつややかな状態になったらでき上がり。

13

カスタードクロワッサンを作る場合は、クロワッサンの上から⅓くらいのところを、端をつなげたまま横に切る。中を少し手でくりぬいて、クリームを挟む。

14

カスタードサンドを作る場合は、ミミなしのサンドイッチ用パンをすき間なく並べ、カスタードクリームを広げてぬれば、はみだしが少ない。好みで小さく切り分ける。

シュークリーム

Cream Puffs

シュー皮をパリッと膨らませるには、ゆるすぎず、かたすぎない生地を作ることが大切。溶いた卵を生地に加えては、手早くしっかり、木べらで混ぜ込みます。最後は卵液を少しずつ加えて、柔らかさを加減していきます。木べらで持ち上げると、つやがあり、ひらひらと三角形になって落ちる状態(プロセス⑥)を必ず確かめて。

POINT●

粉にしっかり火を通すために
木べらを使ってよく混ぜる。

POINT●

卵の量を加減することが大切。
ゆるすぎず、かたすぎない生地に。

●材料(直径約6cmのもの17～18個分)

〈シュー皮〉	
卵	2～3個
薄力粉	70g
水	150mℓ
砂糖・塩	各ひとつまみ
バター(食塩不使用)	60g
カスタードクリーム(P128～129参照)	適量
粉糖	適量

下準備

- オーブンを200℃に予熱する。
- 薄力粉はふるう。
- 天板にアルミホイルを敷く。
- 直径1cmの丸い口金を絞り出し袋にはめる。

1

小さい深鍋に水を入れ、強めの中火にかける。沸いてきたら砂糖を加え、溶けたら、バターと塩を加えて溶かす。

2

①がブクブクしてきたら、薄力粉を一度に加える。木べらを使ってよく混ぜる。混ぜやすい木べらがおすすめ。

3

よく混ぜて、粉に火が通り、つきたての餅のような弾力のあるかたさになったら、火を止める。

4

卵をボウルに割り入れて溶く。約1個分を③に加えて、均一に混ざり合うまで、よく混ぜる。

5

火を止めた状態で卵を加えてはよく練る。2～3個目は、生地の様子を見ながら少しずつ加える。ここが一番のポイント。

6

木べらですくうと、ひとかたまりがポトリと落ち、続いて三角形のひらひらになって落ちるくらいの柔らかさになればOK。

7

間隔をあけて直径約3cmに絞り、尖った部分を水をつけた指で押さえる。霧をたっぷり吹いて、200℃のオーブンで約20分焼く。

8

シュー皮を半分より少し上で横に切る。カスタードクリームを絞り出し袋でこんもりと絞り、粉糖を茶こしでふる。

POINT ⓐ

春巻きの皮の手前を残して、まわりに小麦粉のりをぬる。手前から巻く。

POINT ⓑ

揚げ油はサラダ油やオリーブオイルで。中温でこんがりと揚げる。

カスタード入り揚げ春巻き

Fried Spring Rolls with Custard

シュークリームのカスタードクリームが余ったときのお楽しみが、このおやつです。円形の春巻きの皮をよく使いますが、正方形のものでもよいでしょう。カスタードクリームにはフレッシュなパイナップルがよく合います。揚げたての熱々を召し上がってください。

●材料（人数分）

春巻きの皮	人数分
カスタードクリーム（P128〜129参照）・	
パイナップル（1㎝の角切り）	
	1本につき各大さじ山盛り2
小麦粉のり（薄力粉を水より少し多めにして練る）	適量
揚げ油	適量

●作り方

1 パイナップルは1㎝角に切る。

2 春巻きの皮のまわりに、手前を残してねっとりするくらいのかたさの小麦粉のりをグルリとぬる。カスタードクリームと①のパイナップルをのせ、手前からクルクルと巻きⓐ、端をギュッとつまんで止める。

3 揚げ油を中温（170℃くらい）に熱し、全体にこんがりするまで揚げるⓑ。

POINT a

生地を厚さ5㎜にのばし、型の直径と高さくらいの大きさに丸く切る。

POINT b

奥がペーパーをのせ、重しをのせて焼く前。手前が焼き上がり。

エッグタルト

Egg Tarts

ポルトガルで食べた焼きたてのエッグタルト。クリーミーで香ばしく、サクサクの生地は感激の味でした。うちのカスタードで作ればもっとおいしいはず！　と、リスボンから帰ってすぐに作ったものです。こちらも焼きたてをどうぞ！　やみつきになるおいしさです。

●材料（直径6.5×高さ３cmの型６個分）

カスタードクリーム（P128〜129参照）	適量
簡単パイ生地（P72参照）	１単位分
バター（型用）・薄力粉（型用）	各適量
卵黄（照り用）	適量

下準備

・オーブンを200℃に予熱する。
・オーブンペーパーを約20cm四方に切る。
・型にバターをぬり、薄力粉をふって冷やす。

●作り方

1 簡単パイ生地（プロセス⑥）を６等分し、それぞれ厚さ約４㎜にのばす。型を生地の上に置いて、型の直径+高さ分に切り取るa。これを型に敷くように詰め、ナイフの先で穴を数カ所あける。オーブンペーパーをのせて重しをのせるb。

2 200℃のオーブンで約15分、縁がこんがりするまで焼く。オーブンから出し、重しを取り出す。冷めたら型から出す。

3 ②にカスタードクリームを縁までいっぱいに詰める。卵黄を溶いてハケで表面にぬる。

4 180℃に下げたオーブンで15〜18分、表面がこんがりするまで焼く。

Part 5

果物そのものを楽しむスイーツ

生で、煮て、果物のおいしさを味わう

お菓子の素材としてフルーツをよく使います。甘みはもちろん酸味や香り、歯ごたえをプラスしたいときに重宝します。日本ではとても高価で、宝石のように売られている果物を見かけます。それもおいしいのですが、私は山盛りになって売られている旬の果物が大好き。たくさん買って、フレッシュなうちに食べ、残りは甘く煮ておきます。

りんごや柑橘類、いちじく、桃、あんず、ベリー類……。これらの甘煮をアイスクリームやヨーグルトに添えると、ツルンとした口当たりや甘酸っぱさが、食後にぴったり。ケーキ生地やパン生地に加えて焼けば、おやつや軽食にもなります。冷凍もできるので、一年中楽しめます。

フルーツを生でいただくとき、甘く煮たとき、酸味が足りないと感じたら、私はレモンをしぼって加えます。甘みだけが強調されると、味が単調になります。酸味を加えることにより、キリッとさわやかな、深みのある味わいに仕上がります。そのためにレモンを常備しているくらいです。ぜひ、試してみてくださいね。

フルーツをどう出す？

ちょっとした心遣いで、華やかにみずみずしく

食後のフルーツをシンプルに出すとき、ちょっとした盛りつけ方の工夫でお菓子に負けない、華やかな雰囲気になります。大きめの器にどんと盛ると迫力が出ておいしそう。ハーブや葉っぱも果物の色を引き立ててくれます。

小さなベリー類

ガラスのお皿にガラスのボウルを重ねて、赤いベリー類を入れました。まわりにはミントの葉をたっぷり散らして。ミントは数枚をかわいらしくあしらうことが多いのですが、初夏から夏にかけてのベリーの季節には、野生のようにたっぷり盛るとすっきり涼しげだと思います。

メロン

意外と難しいのがメロンの盛りつけ方。丸ごと出すわけにもいきませんし、1人分ずつだと味気ないので、切り分けて、氷とともに大皿に盛りつけます。氷はロックアイスをフードプロセッサーで軽くクラッシュして。氷を利用して、メロンを立体的に華やかに。2色で盛りつけるとより華やか。

丸ごとのフルーツ

フルーツはグリーンの葉を少しプラスするだけで、生き生きとして見えます。葉っぱは庭のぶどうの葉など、毒のない葉を使います。また、器は果物をきれいに見せてくれるものを選びましょう。和食器も果物の色を引き立てます。

ガラスの器に氷と果物

おもてなしには季節の果物を目でも楽しめるように工夫します。夏ならガラスの器に氷と何種類かの果物を丸ごと盛り、水を注いでテーブルに。ゲストには好きなものを手でとって召し上がっていただきます。子どもの多い集まりには、大きなボウルにいちごを山ほど用意したことも。大勢のお客さまのときは、写真のような大ぶりの花器に入れてテーブルにどんと置くのもちょっとしたサプライズです。フルーツのオブジェのようで、パーティではひときわ目を引きます。

桃、メロン、すいかの
スパークリングワイン

Sparkling Wine with Fruits

お客さまのときのウエルカムドリンクに。フルーツとお酒はよくある組み合わせですが、私はしぼったりせずに、ひと口大に切り、フルーツも召し上がっていただきます。お酒を召し上がらない方や子どもたちには、ワインの代わりにサイダーを注ぎます。いちご、ぶどうなどでも。

●材料（3人分）

桃・メロン・すいか	各1カット
スパークリングワインまたはサイダー	適量

●作り方

1 桃、メロン、すいかは皮をむき、グラスに入る大きさに切る。すいかは断面の種を竹串などで取る。
2 グラスに①のフルーツを入れ、スパークリングワインかサイダーを注ぐ。

いちごレモンシュガー

Strawberry with Lemon & Sugar

いちごにレモンの香りと酸味を加えると立派なデザートに。香りのためのレモンの皮は必ず入れましょう。溶けにくいグラニュー糖を使い、シャリシャリ感も楽しんで。

●材料（4人分）

いちご	400g
グラニュー糖	大さじ3
レモン（国産）	½個

グレーターを使うと、細かくきれいに皮をおろせるのでおすすめ。

●作り方

1 いちごはヘタを取り、ボウルに入れる。グラニュー糖をふり入れてざっと混ぜ、そこにレモンの皮をすりおろして入れる。
2 レモンをしぼり、①に加えて混ぜる。

POINT ⓐ

夏の水分補給に最適なすいか。つるを切り取った跡が小さいほど新鮮。

POINT ⓑ

すいかは4分の1に切り、2cm幅くらいに切ってから、さらに角形に。

すいかのスポンジケーキ

Watermelon Cake

たまに行くレストランで出されたすいかのケーキ。これはうち風のアレンジです。デコレーションをしないので誰にでもできます。それぞれ別の器に盛り、好きなだけ取り分けるスタイルでも。果物は、いちご、桃、メロン、ベリー類などもおいしい。

●材料（21×25×4.3cmのバット1台分）

すいか	適量
〈スポンジケーキ〉	
卵	3個
砂糖	90g
小麦粉	90g
牛乳またはぬるま湯	大さじ1
生クリーム	200mℓ
砂糖	大さじ1～2

●作り方

1 共立ての方法で、薄焼きスポンジケーキを作る（P52～53参照）。
2 ケーキは食べやすい大きさに切る。
3 すいかはまず半分に切りⓐ、さらに半分にしてから2cm角に切りⓑ、断面の種を竹串などで取る。
4 生クリームは砂糖を加えて七分に泡立てる。
5 器にすいか、スポンジケーキ、生クリームを盛り合わせる。

POINT ⓐ

中火で、りんごのまわりが透き通るまで、煮からめる感覚で。

POINT ⓑ

水分がとろとろになったらでき上がり。冷やすとゼリーのように。

りんごとゆずの蜜煮

Apple and Yuzu Compote

ゆずの苦みがほのかにきいた和食にぴったりの冬のデザートです。りんごのシャキシャキ感を生かしたいので、「煮る」というよりも「からめる」感覚で火を入れます。いつも多めに作って冷蔵庫へ。ゆずの白い部分のペクチンの作用でゼリー状になり、これもまたおいしいのです。

●材料（作りやすい分量）

りんご	大1個
ゆず	中1個
グラニュー糖	大さじ5

※りんごはしっかり身のしまったものならなんでも。「ふじ」や「あきばえ」「紅玉」などがおすすめ。

●作り方

1 りんごは8等分に切り、芯と種を取り、さらに2～3等分に切る。皮はかたければ、むいてもよい。

2 ゆずは軸だけ取り、皮ごとザク切りにする。

3 ①と②を鍋に入れ、グラニュー糖を混ぜてしばらくおく。

4 まわりに水分が出てきたら、中火にかけ、ときどき混ぜながら煮る。食感を生かしたいので、ふたはせずに煮からめる感覚でさっと仕上げるのがコツⓐ。

5 まわりの水分がとろとろになったらでき上がりⓑ。

柿を塩と唐辛子で

Sharon Fruits with Salt & Red Pepper

ベトナムを旅したときに、フルーツに塩と唐辛子が添えられたデザートに出会いました。トロピカルフルーツの甘さをピリリとしめて、楽しい食べ方です。日本で柿と合わせてみたらぴったり。一味唐辛子は粗挽きのもの、塩は好みのおいしいものを使ってください。ほかに、パイナップルやバナナ、マンゴー、パパイア、梨、すいかでも。

POINT a

いちじくは切り口がみずみずしく、赤紫色が全体に均一のものを選ぶ。

POINT b

砂糖と水が泡立ち、カラメリゼされてきたらグラッパを加える。

いちじくのグラッパ煮

Fig Compote in Grappa

いちじくは買ったらすぐに食べて、残りは煮てしまいます。以前、煮ているときに焦がしてしまい、あわててグラッパを入れてみたところ香ばしくてとてもおいしく煮上がりました。以来、砂糖と水を焦がしてから、お酒を加えています。けがの功名ですね。ブランデーでもOK。冷凍できます。

●材料(作りやすい分量)

いちじく	10個
グラニュー糖	¾カップ
水	大さじ2〜3
グラッパ	½カップ
生クリーム(好みで)	適量

※入れるお酒はグラッパのほか、ブランデー、ヴィンサントなど。

※ブランデーなどを飲みつつ、塩気のあるチーズと組み合わせても。

●作り方

1 平たい鍋にいちじくを並べる。グラニュー糖を上からかけて強火にかけ、水を加える。

2 いちじくの色が鮮やかになってきたら、ときどき鍋を揺する。スプーンで混ぜたりしないこと。砂糖と水がブクブクと大きな泡になり、とろりとカラメル状になったら、グラッパを加えるb。

3 中火にして、水分がなくなるまで煮つめる。かたさは好みに仕上げて。柔らかく仕上げたい場合は、少し水分を残してもよい。

4 器に盛り、好みで七分に泡立てた生クリームを添える。

POINT a

アクをていねいに取ること。こうすることできれいな味になる。

POINT b

煮上がったジャムを入れるとき、びんにナイフを差すと熱が取れる。

ワンパックジャム
（ゆず、ブルーベリー、いちご）
Fruits Jam

ジャムはいちごやブルーベリーなら1パック、グレープフルーツやりんごなら大きいもの1個だけで作ります。この量ならすぐに食べきれますから、甘さ控えめにしてフレッシュ感のある味に仕上げます。砂糖の量は果物の重さの60%以下で。プレザーブではなく、しっかりと煮たジャムです。

●材料（作りやすい分量）

いちご	1パック（300g）
グラニュー糖	180g
レモン	½個

※果物はゆず、ブルーベリーなど、なんでも。

※果物を煮るときは、味をすっきり仕上げるグラニュー糖がおすすめ。

●作り方

1 鍋にいちごを入れ、グラニュー糖をふりかけ、水分が出るまでしばらくおく。

2 中火にかけて、アクをていねいに取りながら水分が少なくなるまで煮るa。柔らかくなったら木べらでつぶす。好みでつぶさなくてもよい。仕上げにレモンをしぼり入れる。

3 びんにナイフを差し、ジャムが熱いうちに口まで入れてb、ふたをしっかりし、ひっくり返しておく。ふたが少し引っ込んだら脱気した証拠なので、冷蔵庫で保存する。

※砂糖の量は、フルーツの重さの60%以下に。ブルーベリーはいちごと同様の作り方で（レモンは好みで）。ゆずは軸の部分を取り、皮ごと切って種も入れる。グレープフルーツは皮をむき、薄皮をむいてから重さをはかり、砂糖の量を計算する。

あんずの甘煮

Dried Apricots Stewed in Syrup

●材料

干しあんず	500ｇ
グラニュー糖	250〜300ｇ
水	適量

わが家で長年作り続けている定番中の定番。柔らかく煮たあんずの実だけでなく、香りが移ったシロップもとてもおいしい。そのままデザートにしたり、小さな器に2〜3個入れて杏露酒やブランデー、グランマルニエなどをかけ、食後酒の代わりにお酒ごといただいたり、ケーキやパンプディングの中に入れたり。作りおきしておくと便利です。干しあんずは極上品を使ってください。

1

鍋に干しあんず、グラニュー糖を入れる。

2

ひたひたの水を注ぎ、中火で煮はじめ、アクを取り除く。弱火にして20分ほど柔らかく煮る。

3

そのまま冷ます。シロップごと保存びんに入れ、冷蔵庫で１カ月ほど保存できる。

あんずとチーズのおつまみ

チーズの塩気に、あんずの甘みがよく合います。お客さまのときは、チーズとともに、軽めの赤ワインやシャンパン、ポルト酒などと楽しんでいただきます。チーズは青かびのフルム・ダンベール、スティルトン、白かびのサンタンドレ、シェーブル(山羊乳)のサント・モールなどを好みで。塩漬けのオリーブは漬け汁をきって、フェンネルシード、赤唐辛子、にんにく、オリーブオイルを加えてマリネし直します。

Part 6

粉から作る・パンを使って

粉やパンですぐ作れるおやつと軽食

家庭でのおやつといえば、まず粉を使って焼いたり揚げたりしたものが頭に浮かぶでしょう。それほど、常に身近な素材です。ここでは、小麦粉やそば粉を使ってすぐできる、おやつや朝ごはん、軽食になるものをご紹介します。気軽にフライパンで焼いたり、揚げたり。中に入れるものや食べ方は、さらにご自分でアレンジなさってみてください。

スコーンは本場イギリスでも、甘いの、重いの、大きいのといろいろありますが、私の好きなごくシンプルなスコーンをご紹介します。準備して焼き上がるまで30分。よく朝ごはんにささっと作ります。オーブントースターでも焼けますよ。ハーブを入れて焼けば、チーズと合う軽食になり、ワインにも合います。

もうひとつ、パンを使った甘いものもわが家ではおなじみのおやつです。残ったパンを使えるのも、家庭ならではですね。でも、残りものという感覚ではなく、プディングなどパンでなくてはできないやさしい味のおやつがたくさんあります。

旅をすると、どの国にも小麦粉を使ったおやつがあります。その味が忘れられずに再現することも楽しみのひとつです。

粉から作る

粉、砂糖、バターなど、身近にあるものが材料なので、思いついたらすぐ作れます。人気の高いスコーンやパンケーキ、ドーナッツなどはおやつにぴったり！オーブンがなくてもフライパンで作れる、手軽なレシピもたくさんご紹介しましょう。

スコーン

ヨーグルトの酸味がきいたさわやかな味

イギリスのアフタヌーンティーでよく出てくるスコーンは、クロテッドクリームとジャムをつけるのが定番です。クロテッドクリームは脂肪分の高いクリームで、日本でも手に入りますが、私にはちょっと濃厚すぎる味わい。身近なサワークリームを柔らかく練って、好みのジャムを添えるとよいでしょう。私は手作りのジャムを合わせるのが好きです。

私のレシピは生地にヨーグルトを入れるので、ほどよく酸味がある軽い味です。さっくり、ホロッとした食感に仕上げるためには、生地を練らないようにするのがコツ。ボウルの中では折りたたむようにして混ぜ、台の上では生地を切って重ねて、押してまとめるというのをくり返します。

今回はスコーンの型で抜きましたが、型がなければ包丁で切って丸めてもOK。何度か作って慣れてくれれば、砂糖の量を減らして、甘くないスコーンにも挑戦を。これは私のオリジナルですが、ローズマリーやタイムを入れるハーブスコーンは、生ハムやチーズと合わせて、ワインと楽しめます。

スコーン

Scones

スコーンはとても簡単にできるので、朝食にもおすすめです。冷めたときは、横半分にスライスして、オーブントースターで軽く温めると、バターの風味が立ってきます。柔らかく練ったサワークリームと、好みのジャムをぬってどうぞ！　紅茶はもちろん、番茶と合わせるのも好きです。型がなければ三角や四角に切ったり、丸めてもよいです。

スコーン
（プレーンなスコーン）

さっくり、ホロッとした生地にするため、
ボウルの中で練らないのがコツ。
１個がほどよい大きさで、軽い食感です。

POINT● バターをそぼろ状にするときは手早くし、ヨーグルトを加えたら練らずに合わせる感じで。

POINT● 生地は半分に切って積み重ねて、上から押さえてまとめるというのをくり返す。

POINT● スコーンの型には、抜くたびに粉をつけておくと、生地がつかない。

●材料（直径５㎝の型５個分）

A	薄力粉	100ｇ
	ベーキングパウダー	小さじ１
	塩	ひとつまみ
	砂糖	大さじ１
バター（食塩不使用）		30ｇ
プレーンヨーグルト		⅓カップ
薄力粉（打ち粉用）		適量

下準備

・バターは厚さ１㎝に切り、直前まで冷蔵庫に入れておく。
・オーブンの天板にオーブンペーパーを敷いておく。
・オーブンを180℃に予熱する。

1

ボウルにAの薄力粉、ベーキングパウダー、塩、砂糖を入れ、よく合わせてから、１回ふるう。

2

冷蔵庫から出したばかりの冷たいバターを２㎝四方くらいにちぎって、①のふるった粉に加える。

3

バターに粉をまぶし、指先でもみ込むようにしながら、ポロポロのそぼろ状にする。バターが溶けないように、手早く行うのがコツ。

4

全体にそぼろ状になったら、ヨーグルトを加えてへらで合わせていく。ヨーグルトがないときは牛乳や卵、水でもよい。水分が足りないときは水少々を加えるとよい。

5

ふんわりと生地を折りたたむような感じで、粉類とヨーグルトを合わせる。練ると生地がかたくなってしまうので注意する。ボソボソした感じでも、生地がまとまればＯＫ。

6

打ち粉をした台に取り出す。生地を半分に切って積み重ね、押さえてまとめる。これを４～５回くり返し、最後は型の高さに合わせて、生地を四角くまとめる。

7

型に生地がつかないよう、粉をつけてから生地を抜く。抜くたびに粉をつけるようにする。

8

型から生地を出すときは、形がくずれないように上から軽く押してそっと出す。

9

型で抜いたあとの残りの生地を積み重ね、押して四角くまとめる。

10

生地をカードで半分に切る。カードがない場合は、包丁に粉をつけて切る。

11

切った生地を積み重ねて、押して長方形にまとめる。生地の厚みは常に、型の高さに合わせること。

12

粉をつけた型で、生地を抜く。⑨～⑫のここまでをくり返して、全部で５個の生地を抜く。型がない場合は生地を三角や四角に切ったり、５等分に切って丸めてもよい。

13

抜いた生地に薄力粉（分量外）をふる。好みで、牛乳や溶き卵をぬってつやを出してもよい。

14

オーブンペーパーを敷いた天板に並べ、180℃のオーブンの中段で12～15分、まわりが少し色づくまで焼き、網の上で冷ます。サワークリームや好みのジャムを添える。

POINTⓐ

ココナッツミルク缶の場合は、表面に固まったクリーム部分を使う。

POINTⓑ

熱いメープルシロップをかけ、ココナッツクリームを添えて。

バナナパンケーキ

Banana Pancakes

フォークでつぶしたバナナを混ぜて生地を作り、フライパンで小さく焼き上げます。粉だけのパンケーキとはまた違ったしっとりやさしい味わいで、小さな子どもから大人まで誰もが大好き。たっぷりの熱いメープルシロップとココナッツクリームをかけていただきます。

●材料（４～６枚分）

バナナ	大１本
卵	１個
牛乳	⅓カップ
薄力粉	⅔カップ
ベーキングパウダー	小さじ⅔
バター	適量
〈仕上げ用〉	
はちみつ	適量
ココナッツクリーム	
またはココナッツミルクⓐ	適量

●作り方

1 バナナは皮をむいてフォークでつぶし、卵、牛乳を加えてざっと混ぜる。

2 薄力粉とベーキングパウダーは合わせてふるう。

3 ①に②のふるった粉を加えて、粉っぽさがなくなるまで手早く混ぜ合わせる。練らないこと。

4 フライパンにバターを溶かし、③の生地を大きめのスプーンですくい落として、円形に焼く。表面にポツポツと穴があいてきたら、裏返して両面きつね色にこんがり焼く。

5 器に盛りはちみつをかけ、ココナッツクリームを添えるⓑ。

※はちみつの代わりにメープルシロップ、ココナッツクリームの代わりに軽く泡立てた生クリームやバターでも。

※生地はおかずに、すぐに焼くこと。

POINT ⓐ

粉類のボウルに卵液を加え、泡立て器で手早く混ぜ合わせる。

POINT ⓑ

薄くサラダ油をひいたフライパンの中央に、生地を流し入れる。

ヨーグルトミルクパンケーキ

Yoghurt and Milk Pancakes

欧米ではパンケーキに、バターをとったあとのバターミルクをよく使います。でも日本では手に入らないので、私は牛乳とヨーグルト、レモンの皮を使います。ちょっとサワーな軽い味わいです。フルーツはなんでもOK。ベーキングパウダーを入れた生地は、すぐに焼きましょう。

●材料（直径約10cmのもの６～７枚分）

A	薄力粉	130g
A	ベーキングパウダー	小さじ1⅓
A	上白糖	大さじ2
A	塩	小さじ½
B	卵	1個
B	牛乳	150mℓ
B	ヨーグルト	100mℓ
B	溶かしバター	大さじ2
B	レモン（国産）の皮のすりおろし	1個分
	サラダ油	適量

〈トッピング〉

好みのフルーツ・溶かしバター・メープルシロップ	各適量

●作り方

1 Aをよく混ぜ、ボウルにふるい入れる。
2 別のボウルにBの卵を割りほぐし、残りの材料を加え、泡立て器で混ぜる。
3 ①のボウルに②を加えつつ、泡立て器でダマがなくなるまで手早く混ぜるⓐ。
4 よく油をなじませたフライパンを中火にかける。ぬれぶきんにのせていったん冷まし、再び弱めの中火にかける。
5 ③の生地を玉じゃくしでフライパンに流し入れⓑ、表面にポツポツと穴があいてきたら、ひっくり返してもう片面も焼く。同様に残りの生地も焼く。
6 ⑤を好みの枚数、皿に盛り、フルーツを散らす。溶かしバターとメープルシロップをかけていただく。

POINT

小さな円形に。表面がプツプツしたら裏返し、薄く色づくよう両面焼く。

そば粉のブリニ風パンケーキ

Buckwheat Pancakes

そば粉で作る、小さなパンケーキ。甘みを入れていないので、食事やワインのつまみにもなります。そば粉特有の香りと味わいがおいしい。フライパンで焼いてもいいし、ホットプレートで、みんなで焼きながら楽しんでも。イクラやスモークサーモン、サワークリームと合います。

●材料（小10枚分）

そば粉	1カップ
ベーキングパウダー	小さじ⅔
卵	1個
牛乳	約130mℓ
サラダ油	適量
好みで、イクラ・スモークサーモン・サワークリーム	適量

※ベーキングパウダーを入れた生地は、すぐに焼くこと。

●作り方

1 ボウルにそば粉とベーキングパウダーを合わせてふるう。

2 ボウルに卵を割りほぐし、牛乳を加えて泡立て器でよく混ぜ合わせる。

3 ①のボウルに②を少しずつ加えながら、手早く混ぜ合わせる。粉っぽさがなくなるまで、泡立て器で底からすくい上げるように混ぜる。

4 よく油をなじませたフライパンを中火にかける。ぬれぶきんにのせていったん冷まし、再び弱めの中火にかける。

5 ③の生地を、スープスプーン1杯くらいずつ丸く流し入れる。表面がプツプツしたら裏返し、両面が薄く色づくように焼く。

6 ⑤を器に盛る。好みでイクラやスモークサーモン、サワークリームを添える。

POINT ⓐ

具がたくさん入って包みやすいよう、生地は楕円形に薄くのばす。

POINT ⓑ

生地を半分に折るように包み、縁を指でしっかり押さえて閉じる。

ブラジル風の揚げパン

Fried Brazilian Dumplings

これはブラジル風の調理パン。薄力粉と油、湯だけで作る生地に、ひき肉やじゃがいもなどで作る具をたっぷり包んでカリッと揚げます。子どものおやつや軽食、お酒のつまみにもぴったり。シンプルな味ですが、サモサ風にカレー味にしてもおいしいですよ。

●材料（12個分）

薄力粉	200g
サラダ油	大さじ1½
ぬるま湯（40〜50℃）	約100mℓ
〈具〉	
合いびき肉	100g
じゃがいも	1個
にんにく（みじん切り）	1片分
玉ねぎ（みじん切り）	¼個分
赤ピーマン（みじん切り）	2個分
香菜（みじん切り）	2本分
サラダ油	大さじ1
粉唐辛子（またはカレー粉）	少々
塩・こしょう	各適量
薄力粉（打ち粉用）・揚げ油	各適量

●作り方

1 ボウルに薄力粉をふるい入れ、油と湯を加えて耳たぶくらいの柔らかさになるまでよくこねて、ラップに包み30分ほど休ませる。

2 具のじゃがいもは、ゆでて粗くつぶす。

3 フライパンに油を温め、にんにく、玉ねぎを炒め、ひき肉をほぐして炒め合わせ、さらに赤ピーマン、じゃがいも、香菜も加えて炒め合わせる。粉唐辛子をふり入れ、塩、こしょうで調味する。

4 ①の生地を12等分し、打ち粉をした台の上で8×11cmくらいの楕円形に薄くのばすⓐ。③をのせて包み、縁を押さえてぴったりはりつけⓑ、中温の油できつね色になるまで揚げて油をきる。

かぼちゃのドーナッツ

Pumpkin Doughnuts

ぷっくり膨らんだドーナッツを割ってみると、ハッとするほど鮮やかな黄色！　ホクホクのかぼちゃをざっとつぶして加え、形も自由に揚げてみました。ホームメイドならではの、気取らない人気のおやつです。シナモンをたっぷりふると、ちょっと大人の味わい。

POINT●
かぼちゃに含まれている水分により、牛乳の量が倍くらい違ってくる。

POINT●
普通のドーナッツ生地よりかなり柔らか。低めの油でゆっくり揚げる。

●材料（10個分）

かぼちゃ		300ｇ
砂糖		大さじ６
卵		１個
牛乳		大さじ２以上
薄力粉		１½カップ
ベーキングパウダー		小さじ２½
揚げ油		適量
A	グラニュー糖	適量
A	シナモン（好みで）	適量
薄力粉（打ち粉用）		適量

下準備

- 薄力粉とベーキングパウダーを合わせてふるっておく。
- かぼちゃは種とワタを取り、皮をむいて乱切りにしておく。

1

かぼちゃはペーパータオルを３枚敷いた耐熱皿に並べ、ラップをして電子レンジで約４分半加熱。熱いうちに紙を取り、つぶす。

2

かぼちゃをボウルに入れ、砂糖、卵の順に混ぜる。牛乳は、かぼちゃの水分によって加減して加え、これくらいのどろっとした状態に。

3

ふるった粉類を加え、練らないよう、へらで底からすくい上げるように混ぜる。粉っぽさが残らないように。

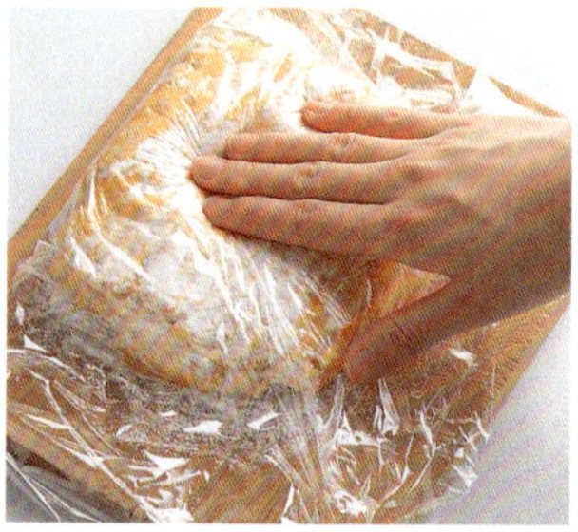

4

ラップ約40cmを広げ全体に打ち粉をする。③を中央やや下にのせ打ち粉をし、ラップをかぶせ、手で厚さ1.5cmの四角形にのばす。

5

ラップを開き、写真のように10個の長方形に切り分ける。包丁には打ち粉をたっぷりして。

6

揚げ油を160～170℃に熱し、⑤をフライ返しなどにのせて入れ、膨らんで色づくまでゆっくり揚げる。熱いうちにＡをふる。

チャパティ

Chapati

ナンとともにインドのパンとして有名です。イースト発酵させないので、ナンよりずっと手軽。全粒粉のおいしさを堪能できる素朴な味が、カレーを引き立てます。多めの油でこんがり香ばしく焼き上げて。チャパティをよりおいしく味わうためのカレーもご紹介しましょう。

POINT ●
ぬるま湯で調節しつつ、よくこね、生地を耳たぶの柔らかさにする。

POINT ●
やや多めの油で焼くと、香ばしくパリッと焼ける。

●材料（7～8枚分）

全粒粉	150g
塩	小さじ⅓
ぬるま湯（40～50℃）	約80mℓ
オリーブオイル	大さじ½＋適量
全粒粉（打ち粉用）	適量

●作り方

1 ボウルに全粒粉をふるい入れ、塩を加えて混ぜ、オリーブオイル大さじ½を入れる。
2 様子を見ながらぬるま湯を少しずつ加え、へらでひとまとめになるまで混ぜる。湯は全部使わなくてもよい。
3 手で生地をまとめ、ボウルの中で、手のひらに力を込めてよくこね、耳たぶくらいの柔らかさにする（かたいようなら湯を少し足して調節）。
4 ③を円柱状にまとめてラップに包み、30分休ませる。
5 ④を7～8等分し、打ち粉をした台の上にのせて、それぞれ直径12～13cmほどの円形に薄くのばすⓐ（つきやすいので重ねないようにする）。
6 フライパンに流れるくらいのオリーブオイルを熱して⑤を中火で焼く。焼き色がついたら裏返して両面こんがりと焼くⓑ。

POINT ⓐ
打ち粉をした台の上で、中心から外側に広げるように生地を円形にのばしていく。

POINT ⓑ
ところどころがぷっくり膨らんできて香ばしい焼き色がついたら返して両面焼く。

チャパティに合う、牛肉と豆のカレー

市販のカレー粉を使わずに作るカレーです。春から初夏なら、こんな緑の豆を使ったカレーもおすすめ。チャパティにのせてどうぞ。

●材料（4人分）

A	にんにく（みじん切り）	1片分
A	玉ねぎ（みじん切り）	1個分
A	セロリ（みじん切り）	½本分
牛肉（肩バラまたは肩ロース）		400g
グリーンピース（豆のみ）		1カップ分
そら豆（豆のみ）		1カップ分
B	ローリエ	2枚
B	チリパウダー・クミンパウダー・コリアンダーパウダー・カルダモンパウダー	各小さじ⅔
トマト水煮缶		大1缶
スープストック		1½カップ
ガラムマサラ		小さじ2
塩・こしょう・サラダ油		各適量

●作り方

1 厚手の鍋にサラダ油を熱し、Aをねっとりするまでよく炒める。
2 ひと口大に切った牛肉を①に加えて炒め合わせ、Bのスパイス類、トマト水煮缶、スープストックを加えて約30分煮込む。
3 ②にグリーンピースを加えて10分煮てから、そら豆を入れて煮る。水分は適宜補って、豆が柔らかくなるまで煮込む。塩、こしょうで味をととのえ、ガラムマサラを加えて少し煮る。

パンを使って

娘たちが小さいころ、バゲットや食パンが
余ったときなどに、よく作っていたおやつです。
身近にあるもので手軽に作れて、
バリエーションも豊富なので、
家庭ならではのお菓子といえますね。
ぜひ一度、試してみてください。

フレンチトースト
French Toast

フレンチトーストは厚切りのバゲットで作るとおいしい。時間をかけて、卵液をたっぷり吸わせるのがコツ。ひたしたまま冷蔵庫にひと晩おき、翌日の朝食にするのはうちの定番。厚切りなので、フライパンで表面を焼いてオーブンに入れると、中まで火がしっかり通り、おいしく焼けます。

1

ボウルにAの卵を割り入れ、残りの材料を加えて泡立て器でよく混ぜる。バットに並べたバゲットにかけながら、流し入れる。

2

ときどき上下を返しながら、バゲットに卵液を十分に吸わせる。この状態でラップをかけて、冷蔵庫にひと晩おいてもよい。

3

オーブンに入るフライパンを中火で温める。オリーブオイルを入れ、②を並べ入れて、片面を軽く焼く。

4

片面が少し色づいたら返して、フライパンごとオーブンに入れ、170℃で12〜13分焼く（薄く油をひき温めたバットに移しても）。

5

バターを弱火で溶かして溶かしバターにし、器に盛ったフレンチトーストに、好みの量をかける。

6

メープルシロップを好みの量かけて、熱いうちにひたしながらいただく。メープルシロップは熱々にしてもおいしい。

POINT●
バゲットに卵液を十分に吸わせる。
冷蔵庫にひと晩おいてもOK。

POINT●
フライパンで片面を軽く焼いて返し、
オーブンで中まで火を通す。

●材料（4個分）

バゲット（厚さ3㎝に切ったもの）		4切れ
A	卵	2個
	上白糖	大さじ2
	牛乳	1カップ
オリーブオイル		適量
メープルシロップ・バター		各適量

下準備

・オーブンを170℃に予熱する。

※フライパンだけで焼くときは、ふたをすると中心まで火が通りやすくなる。
※いちごやベリー類をたっぷり添えても。

パンプディング・レモンワインソース

Bread Pudding with Lemon Wine Sauce

泡立てた卵白を加えて焼くので、ふっくらふわふわ。熱々に温かいレモン風味のワインソースをたっぷりかけていただきます。とっても簡単、シンプルなお菓子ですが、なんともデリケートな味わい。焼きたてにソースをかけ、冷たくして食べてもおいしい。おもてなしのデザートにも！

POINT●
できればバニラビーンズを使うと、繊細な風味に仕上がる。

POINT●
湯せんにして焼くときはオーブンの温度が下がらないよう、熱湯を注ぐ。

●材料（直径18cmのリング型１台分）

卵	5個
牛乳	2½カップ
グラニュー糖	100g
バニラビーンズ	1本
（またはバニラエッセンス	少々）
食パン（6枚切り）	2½枚
バター	適量
〈レモンワインソース〉	
白ワイン	1カップ
グラニュー糖	85〜90g
レモン汁	½個分

下準備

- 卵3個は卵黄と卵白に分けておく。
- オーブンを200℃に予熱する。

〈レモンワインソースの作り方〉
容器に白ワインとグラニュー糖を入れ、ラップして電子レンジに3分ほどかける。粗熱を取りレモン汁を混ぜ、温かいうちにプディングに回しかける。

※プディングを型から出すときは、竹串で周囲をグルリと回す。

1

バターを冷蔵庫から出しておき、型に指でたっぷりとぬっておく。

2

鍋に牛乳、グラニュー糖を入れ、縦に切り目を入れたバニラビーンズを加えて沸騰寸前まで温め、粗熱を取る。

3

ボウルに卵黄3個分と残りの卵2個を入れてよく混ぜ、②を少しずつ混ぜ入れる。②のバニラビーンズは指先で種をしごき出す。

4

食パンのミミを取って1cm角くらいに切り、③に加えて30分ほどおく（十分にふやけてなじむまで）。

5

別のボウルに卵白3個分を入れ、角が立つまでかたく泡立て、④に加え、卵白の泡をつぶさないように全体によく混ぜ合わせる。

6

型に⑤を流し入れ、天板にのせて熱湯を天板の七〜八分目まで注ぎ、オーブンで約30分湯せんにして焼く。粗熱を取り型から出す。

POINT

あんずの甘煮はそのまま食べたり、
ケーキに入れたり、利用価値大。

あんずの熱々パンプディング

Bread Pudding with Apricots

熱々の甘酸っぱいあんずのパンプディングは、うちでも大人気。あんずの香りをたっぷり楽しむデザートです。あんずのソースは、甘煮を煮たときのシロップを活用してください。色もとてもきれい。パンは残ったバゲットでOK。甘煮はシロップごと、冷蔵庫で約1カ月保存可能です。

●材料（2人分）

	あんずの甘煮（P144参照）	4個
	バゲット（太め）	4cmくらい
A	卵	大1個
A	牛乳	150mℓ
A	生クリーム	大さじ1
A	グラニュー糖	大さじ2½
B	あんずの甘煮をつぶしたもの	2〜3個
B	あんずの甘煮のシロップ	大さじ2〜2½
B	コアントロー	大さじ1

●作り方

1 オーブンは170℃に予熱する。
2 Aの材料をよく混ぜ合わせる。
3 バゲットは皮を除いて1cm角に切り、②の液にひたす。
4 耐熱容器に③を入れてあんずの甘煮をのせる。
5 深めのバットに湯を張り、④の器を入れ、オーブンで30〜40分湯せんにして焼く。
6 あんずソースを作る。Bの材料をフードプロセッサーにかける。
7 焼き上がったプディングにあんずソースをかける。

ラスク

Rusk

ちょっと小腹が空いたときなどにおすすめのおやつです。カリカリの食感にするため、最初に乾かすように軽く焼いてから、メープルスプレッドをぬってもう一度焼きます。メープルスプレッドが手に入らない場合は、コンデンスミルクでもOK。粒塩の塩気が、甘さを引き立てます。

POINT a

メープルスプレッドはスプーンの裏側などを使ってぬり広げるといい。

POINT b

バゲットが薄くて焦げやすいので、天板には必ずオーブンペーパーを。

●材料（作りやすい分量）

バゲット	小１本
メープルスプレッド	
（またはコンデンスミルク）	適量
粒塩	少々

下準備

・オーブンの天板にオーブンペーパーを敷いておく。
・オーブンを150℃に予熱する。

●作り方

1 バゲットは厚さ５㎜の斜め薄切りに。
2 オーブンペーパーを敷いた天板に①を並べ、150℃のオーブンで10分ほど、乾かすように焼く。
3 オーブンから天板ごと取り出し、バゲットにメープルスプレッドをぬるa。天板に戻し、粗塩をふるb。
4 再び150℃のオーブンに入れ、様子を見ながら15分ほどカリッとするまで焼く（コンベクションオーブンでファン機能の切り替えがある場合は、ファンを回したほうが早く乾く）。
5 オーブンから取り出して、網の上で冷ます。

Part 7

素朴な味と、新しい発想と
ほっとなごめる和風の甘いもの

白玉、寒天、わらびもち、あずきなど、和のおやつは、洋風のお菓子とはまた違ったやさしい甘みが楽しめます。材料に脂肪分の多いものや乳製品を使うことが少ないので、とてもヘルシーで軽い味。食事の最後にちょっと甘いものが欲しいときも、小さな和風デザートがあると、食べすぎずに満足感が得られます。同じ和の甘みでも、量や盛りつけ方を変えるだけで、おやつにもなりますし、デザートにもアレンジできます。

また、簡単なものが多いので、思いついたときにささっと作れるのも便利。デザートなら、食事の準備をしながらでも作れます。白玉は白玉粉さえあればＯＫで、応用範囲が広いのでおすすめです。寒天は私の大好物ですが、かんきつ類の果汁や抹茶ミルクなど、好みの味を混ぜて固めるだけです。今回のレシピは簡単に扱える粉寒天を使いましたが、何度か作って慣れてきたら、ぜひおいしい棒寒天を使ってみてください。

ゆであずきもまとめて作っておくと、いろいろと使い回せます。上質な豆を選びていねいに煮ると、極上の味わい。バリエーションが広がるので、ぜひチャレンジしてみてください。

白玉

もちっ、ツルッと柔らかでなめらかな「白玉」を作りましょう

白玉粉は、もち米を水にさらし脱水、粉砕して乾燥させたもの。水を加えるとなめらかにまとまり、ゆでたときの口当たりはツルリと最高です。手のひらで十分にこねて休ませると、よりなめらかな生地になります。丸めてゆで、一度氷水に取って冷やしたあと、温かなぜんざいに入れたり、冷たいおやつにします。まん丸にしたり、扁平にしたり、何かを包んだり。自由に楽しめます。

ツルンとした口当たりが何ともおいしい白玉。
冷たくしても、温かくしてもおいしくて、
いろいろなふうにアレンジして楽しめます。
気軽に簡単に作れ、家庭のおやつにぴったり。
ゆでるのがおなじみの白玉ですが、
揚げるとまた違う味と食感で、新鮮です。

1

ボウルに白玉粉を入れ、水をごく少量ずつ加え、手でこねていく。

2

白玉粉の種類、気温や湿度などによって、加える水の量は変わる。入れすぎないように、手でこねながら、かたさを確認する。

3

耳たぶくらいの柔らかさになったら、水をストップ。手のひらや甲を使ってさらにこねる。柔らかすぎたら粉を足し、調節する。

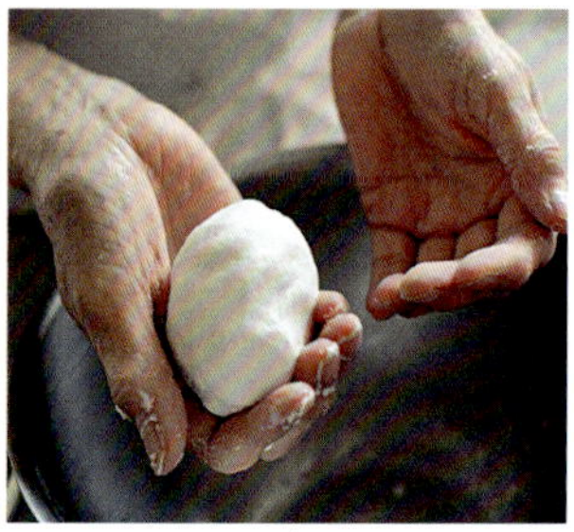

4

ボウルから生地を出し、手でまとめ、ラップにくるみ、20分ほど休ませる。

5

ちぎって手のひらで転がして丸める。ちなみに左ページの白玉は直径2㎝弱。このくらいの大きさが標準的。

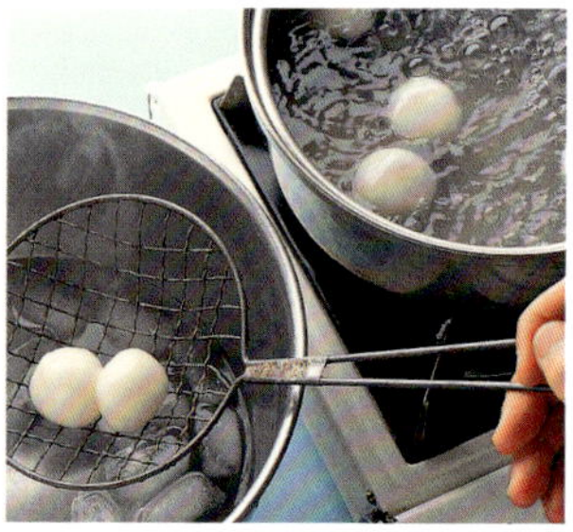

6

だんごを熱湯で少しずつゆでる。浮いてきてからさらに1～2分ゆで、柔らかさをみる。すぐ氷水に取るのがおいしさのコツ。

POINT ⓐ

材料は白玉粉とごま、砂糖と塩ひとつまみ。これだけで立派なおやつが。

POINT ⓑ

黒ごまはすり鉢で十分にすり、熱湯を大さじ１くらいずつ加えのばす。

白玉の黒ごまだれ

黒ごまの香り高い和風のおやつ。氷水でキーンと冷やした白玉だんごに、ごまだれを白玉が隠れてしまうほどたっぷりからめます。見た目は真っ黒ですが、やはり白ごまよりも黒ごまの香り高さに軍配が。夏は冷たく、また、冬はゆでたての熱々を食べるのも趣が変わっておいしいですよ。

●材料（4～5人分）

白玉粉	150g
水	適量
〈ごまだれ〉	
黒いりごま	½カップ強
砂糖	大さじ4
熱湯	大さじ3
塩	ひとつまみ

●作り方

1 ボウルに白玉粉を入れ、水を少しずつ加え、耳たぶくらいの柔らかさになるまでこねる。

2 生地をまとめてラップに包み、20分ほど休ませたあと、直径2cm弱のだんごを作る。

3 ごまだれを作る。すり鉢に黒ごまを入れ、油が出てつぶつぶがまったくなくなるまでする。砂糖、塩を加えてすり合わせ、熱湯を少しずつ加えるⓑ。とろりとなめらかにし、冷蔵庫に入れて冷やす。

4 たっぷりの湯を沸かし、②を少しずつ入れる。浮き上がってきてから1～2分、柔らかくなるまでゆで、水をきって、氷水に取る。

5 白玉がよく冷えたら水気をきり、③のごまだれの中に入れてあえ、器に盛る。

POINT a

白玉を手のひらで軽く丸めて薄くのばし､果物の一部が見えるように包む。

POINT b

白玉が半透明にゆだったら、すぐ氷水に取って冷やす。

フルーツの白玉包み

フレッシュないちごやマスカットを白玉で包んだ、うっすら甘くて、ツルンと冷たいさわやかなスイーツ。ぜんざいのような甘いものが苦手という人にもおすすめです。食後のデザートにも、暑い日のおやつにも。お客さまのときは大鉢に盛ると、目にも涼しくおいしそう。

●材料（4～6人分）

白玉粉	100g
水	80mℓ
いちご・マスカット	各12個
〈シロップ〉	
グラニュー糖	⅔カップ
水	300mℓ
レモン汁	1個分

※大鉢などに大きな氷を入れて大胆に盛ると、目にも清涼感を呼ぶ。

●作り方

1 シロップを作る。鍋にグラニュー糖と水を入れて煮溶かし、粗熱が取れたらレモン汁を加え、冷蔵庫でよく冷やす。

2 ボウルに白玉粉を入れ、水を少しずつ加え、手のひらに力を入れながらよくこねる。耳たぶくらいの柔らかさになったら、ラップに包み、20分休ませる。

3 いちごはヘタを取り、マスカットとともに洗って水気をよくふき取る。

4 ②を取り分けて、いちごやマスカットを包むa。取り分ける量は、フルーツの大きさの⅓～½くらい。白玉が厚すぎると舌触りが重いが、薄い分には多少でこぼこでもよい。薄づき部分はフルーツの色が透けてかえってきれい。

5 鍋にたっぷりの湯を沸かし、④を少しずつ入れてゆでる。白玉が白く半透明になったら氷水に取って冷やすb。

6 器に⑤を入れ、冷えた①のシロップを張る。

あんず白玉
桂花陳酒風味

甘く煮たあんずと白玉は、昔からおなじみのシンプルでおいしい組み合わせ。甘い桂花陳酒を加えて、ちょっぴりしゃれたデザートに。あんずの甘煮は多めに作っても。

●材料（4人分）

白玉粉	150ｇ
水	適量
干しあんず	150ｇ
砂糖	½カップ強
桂花陳酒（中国酒の一種）	少々

●作り方

1 あんずの甘煮を作る（P144参照）。干しあんず、砂糖をステンレスかホウロウの鍋に入れ、ひたひたの水を注ぐ。中火で煮はじめ、アクを取り、弱火で約20分、柔らかくなるまで煮て、冷ます。
2 白玉はP168の基本の要領でこね、ラップに包み20分おく。
3 丸めて真ん中をくぼませ、あんずと同じ形にしてゆで、氷水に取る。器に白玉とあんず、あんずの煮汁を入れ、桂花陳酒をふる（ない場合はそのままでもおいしい）。

はちみつレモン白玉

ぷるんとした白玉とさっぱり味のフルーツを、はちみつとレモンであえた、簡単で最高においしい冷たいおやつです。フルーツの色も楽しめるよう、グラスに入れます。

●材料（4人分）

白玉粉	100ｇ
水	適量
はちみつ	大さじ3～4
レモン汁	大さじ1～2
フルーツ（メロン、すいかなど好みで）	適量

●作り方

1 フルーツはくりぬき器で丸くくりぬく。くりぬき器がない場合は食べやすく角切りにする。
2 白玉はP168の基本の要領でこね、ラップに包み20分休ませる。フルーツよりやや小さめに丸めてゆで、氷水に取る。
3 ①と②を一緒にはちみつとレモン汁であえる。

ココナッツ白玉だんご

これは、ココナッツをたっぷりかける東南アジア風。純和風ではありませんが、個性的なココナッツの香りと、あっさりしたあん入りの白玉だんごがよく合います。

●材料（４人分）

白玉粉	150g
水	適量
こしあん（または粒あん）	適量
ココナッツパウダー	適量
あればクコの実	少々

●作り方

1 白玉はP168の基本の要領でこね、ラップに包み20分休ませる。
2 ①をピンポン玉くらいに取り、少しのばしてあんを真ん中に置き、包み込む。
3 蒸し器にクッキングシートを敷いて②を並べ、約10分間蒸す。
4 ココナッツパウダーをバットなどに広げ、③を熱いうちに並べてよくまぶし、あれば彩りにクコの実を飾る。

かぼちゃあんの冷たい白玉

かぼちゃのあんは、歯触りが残るくらいにつぶして作るとおいしい。大人はシロップにラム酒を加え、氷を入れて、冷たくて甘いデザートに。

●材料（４人分）

白玉粉	100g
水	適量
かぼちゃ	正味150～200g
砂糖	大さじ１½～２
塩	ひとつまみ
シロップ・ラム酒	各適量

〈シロップ〉　水と砂糖各１カップを煮溶かし、さらに弱火で３分煮て冷ます。やや甘めなので、薄めたり、酒を入れて調節。

●作り方

1 かぼちゃは皮と種を除いて乱切りにし、柔らかく蒸す。熱いうちにつぶして砂糖と塩を混ぜ、だんご状に丸める。
2 白玉はP168の基本の要領でこね、①を包む。熱湯でゆで、浮いてきたらさらに２～３分ゆで、氷水に取る。
3 ③の水気をきってボウルに入れ、シロップ適量と好みでラム酒少々、氷を加えてさっと混ぜ、シロップごと器に盛る。

揚げ白玉

白玉はゆでることが多いですが、揚げるとまた違ったおいしさに。揚げたての熱々に、砂糖をのせてどうぞ。素朴な家庭のおやつですが、香ばしさともちもち感が楽しめます。揚げる油は白玉に色がつかないよう、必ず新しいものを使ってください。

POINT ⓐ

火を通しやすくするため、真ん中を人さし指で押してくぼみを作る。

POINT ⓑ

プシュッという音がしたら、中まで火が通った合図なので取り出す。

●材料（直径2～3cmのもの8個分）

白玉粉	50g
水	50mℓ（様子を見ながら使う）
上白糖	適量
揚げ油（サラダ油）	適量

●作り方

1 ボウルに白玉粉を入れ、P168の基本の要領で、水を少しずつ加えながら、耳たぶくらいの柔らかさになるまでこねる。水の量は様子を見て加減する。

2 生地をまとめてラップに包み、20分ほど休ませる（ここまでは基本と同じ）。

3 生地を直径2～3cmのだんご状に丸め、平らにする。指で中央を押さえて、くぼみを作るⓐ。

4 ③の白玉を170℃くらいの油に入れ、プシュッとはじけるまで揚げるⓑ。取り出して油をきる。

5 器に盛り、上白糖を指でギュッとつまんでのせる。

寒天

ゼリーとはまた違った、さらりとした感触の寒天は
さっぱり食べたい食後のデザートにもぴったり。
原料は天草やおごのりなどの海藻類。水でふやかす
棒寒天や糸寒天と、そのまま使える粉寒天がありますが、
簡単に楽しめる粉寒天のレシピをご紹介します。
和風に洋風に、かたさも家庭なら自由に楽しめます。

ひんやり、さらり、のどごしのいい「寒天」を作りましょう

粉寒天はそのまま常温の水やだしに入れて火にかけます。90℃以上で溶けるので、強めの中火でゆっくり混ぜながら沸騰させ、弱火にしてさらに2〜3分ほど混ぜ溶かして、砂糖も煮溶かします。液体1カップに対し、粉寒天小さじ⅓〜¾くらいが目安（小さじ1は2g）。ただ、酸に対して溶けにくいので、酸味の強いものは、寒天をやや多めに入れ、寒天が煮溶けたあと、火を止めてから混ぜ入れます。寒天液は30〜40℃で固まりはじめます。

すだち寒天

ちょっとぜいたくに思えるくらいに、すだちを使ったおやつ。かんきつ類は遠慮して使うとどこかぼんやりした味になるので、たくさん使ったほうがおいしくできると思います。食べるときにさらに果汁をかけてもいいですよ。酸味があるので粉寒天はやや多めに入れます。材料は４人分で、すだちのしぼり汁８個分(50㎖)、水1½カップ、粉寒天小さじ１〜1¼、砂糖大さじ４、飾り用すだち少々。作り方は右のとおりです。

1

鍋に分量の水と粉寒天を入れる。※粉寒天１袋は４ｇ。※メニューによって、水の代わりに牛乳を使うこともある。※酸味のあるものはここでは入れない。

2

中火にかけ、静かに混ぜる。沸騰したら火を弱め、砂糖を入れてもう２〜３分混ぜながら火を通す。寒天と砂糖が完全に溶けたら火を止め、果汁を入れて混ぜる。

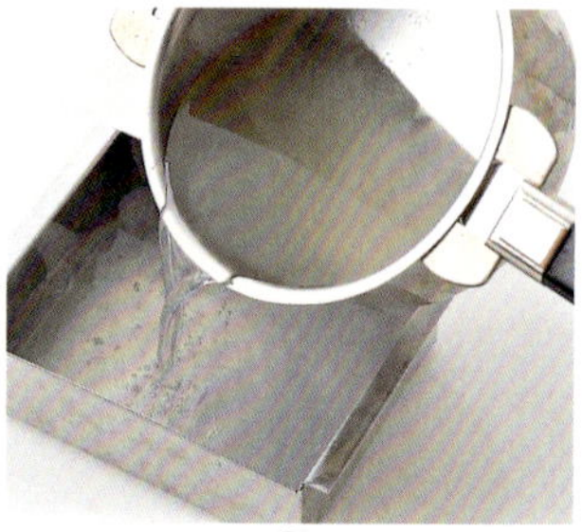

3

粗熱が取れたら、型に流して冷蔵庫で冷やし固める。型から出して切り分ける場合は、あらかじめ型を水でさっとぬらしておくと、固まったとき、取り出しやすい。

抹茶ミルク寒天

一見ようかんのようで、食べるとふわっと抹茶の香りが広がるやわらかな味わいです。抹茶とミルクはよく合います。和の器が似合います。

●材料（4人分）

牛乳	2カップ
粉寒天	小さじ1〜$1\frac{1}{4}$
砂糖	大さじ3
抹茶・熱湯	各大さじ1強
シロップ	少々

※シロップは水3に対し砂糖1の割合で煮溶かし、冷やしておく。

●作り方

1 鍋に牛乳、粉寒天を入れて中火にかけ、静かにかき混ぜる。煮立ったら火を弱めて砂糖を入れ、3分くらいかき混ぜながら煮る。
2 ボウルに抹茶を入れて熱湯で溶いておく。①の寒天液を少し加えて泡立て器でのばす。残りの①も加えよく混ぜる。
3 水でぬらした型に②をこしながら入れ、冷やし固める。切り分けて器に入れ、シロップをかける。

カスタード寒天

牛乳と卵黄で作る、まろやかな和風プリンの感覚。マンゴーとともにフルーティに楽しみます。色合いもきれい。

●材料（4人分）

A	牛乳	320mℓ
A	粉寒天	小さじ1〜$1\frac{1}{4}$
	砂糖	大さじ3
	卵黄	2個分
	マンゴー	2個
	シロップ（抹茶ミルク寒天参照）	大さじ4
	レモン汁	1個分

●作り方

1 鍋にAの材料を入れて静かに混ぜ、煮立ったら火を弱め砂糖を入れて混ぜ、3分ほど煮る。火から下ろし少し冷ます。
2 卵黄をボウルに入れ、ほぐす。①を少しずつ加えて混ぜる。全部入れて混ぜたら鍋に戻し、1分くらい火を入れる。
3 水でぬらした型に入れて冷やし固める。
4 マンゴーは皮をむいて1㎝角に切り、レモン汁を加えたシロップと混ぜる。
5 ③を型から出し、④のマンゴーと盛り合わせる。

みかんの寒天

みかんをしぼったフレッシュな果汁で作る寒天です。しぼったジュースと一緒に食べるとおいしい。寒天の分量は柔らかめのレシピになっていますが、お好みのかたさに加減してください。冷蔵庫だとちょうどいいかたさのタイミングを見逃すことが多いので、氷水で冷やし固めるのがコツ。

POINT●
酸味があるので、寒天は固まりにくいため、やや多めに入れる。

POINT●
寒天は氷水で固めたら、すぐ食べたほうがおいしい。

●材料（3～4人分）

みかん果汁	2カップ
粉寒天	小さじ1～$1\frac{1}{4}$
グラニュー糖	大さじ3
〈ジュース〉	
みかん果汁	1カップ
上白糖	大さじ1～2
（みかん果汁が甘ければ不要）	

1

ボウルに粉寒天とグラニュー糖を入れ、へらでよく混ぜ合わせる。

2

①のボウルにみかん果汁を少しずつ加え、へらでよく混ぜる。

3

鍋に移して弱めの中火にかけ、へらで鍋底をこするようにしながら混ぜ、2分ほど加熱する。寒天は90℃以上で溶けはじめるが、煮立たせないように注意！

4

混ぜていて、鍋底のザラザラがなくなり、透明感が出てきたら、火から下ろす。

5

④の寒天液をボウルに移して粗熱を取り、氷水につけて冷やし固める。泡があれば最初に取る。

6

寒天が固まったらスプーンなどですくって器に盛り、ジュースの材料を混ぜ合わせたものをかける。

わらびもち

わらびもちは和菓子屋さんで買うものと決めつけず、新しい発想で、夏のおやつを作ってみましょう。
もともとはわらびの地下茎を精製したデンプンですが、今ではそれは希少価値。さつまいものデンプンやタピオカ、くず粉にわらび粉が少量プラスされているものが多いようです。
透明感のあるとろんとした食感はいかにも夏らしくて涼を呼びます。

とろんとして弾力ある「わらびもち」を作りましょう

柔らかめが好きな人は、商品に書いてある量よりも、水を多めにして試してみましょう。つるんとした口当たりにするためには、全体が透明になるまでよく練って、すぐに氷水に落とすのがコツ。少し透明になりかけたら、あっという間に固まるので気をつけて。味が変わりやすいので、冷えたらすぐ食べましょう。前もって作って氷水につけておけるのは、せいぜい1時間まで。

1

わらびもちの粉として売られているものは、ほとんどがさつまいもや本くず、タピオカなどのデンプンが使われている。わらびのデンプンのみでできているものは希少。

2

水を少しずつ加えながら、木べらでよく混ぜ合わせ、粉と砂糖を完全に溶かす。

3

口当たりのなめらかなわらびもちに仕上げるため、必ずざるでこして鍋にあける。

4

中火にかけ、木べらで鍋底を休まずかき混ぜながら煮つめていく。白濁から半透明へと変わっていく。

5

粘ってきたら、全体が透明になるまで手早く強くかき混ぜる。透明になりかけたらあっという間に固まるので気をつけて。

6

スプーンを2本使って、ひと口大ほどのかたまりにして、たっぷりの氷水の中に手早く落としていく。早めに食べる。

カラメルソースの わらびもち

POINT

焦げ色がついたら鍋を向こう側に傾け、水を少しずつ加える。はねに注意して！

見るからに涼しげな、透きとおったわらびもち。シロップ代わりのカラメルソースに浮かべて、和と洋の新鮮な組み合わせ。ツルリとしたわらびもちの口当たりがよく、ひんやり感がおいしさにつながります。グレープフルーツを盛り込むと、風味も彩りもひときわ引き立ちます。

●材料（4人分）

〈わらびもち〉	
わらびもちの粉	50g
砂糖	大さじ2
水	1½カップ
〈カラメルソース〉	
グラニュー糖	100g
水	大さじ2＋1カップ
グレープフルーツ（ルビー）	大1個

●作り方

1 ボウルにわらびもちの粉と砂糖を入れ、水を加えながらよく混ぜ合わせる。
2 粉が溶けたらざるでこし、鍋にあける。
3 鍋を中火にかけ、木べらで絶えず鍋底から混ぜながら煮つめる。
4 白く濁っていた液が粘って、全体が透明になってきたら火からおろす。
5 ④を2本の小さなスプーンでひと口大にすくってはたっぷりの氷水の中に落とし、そのままよく冷やす。
6 カラメルソースを作る。グラニュー糖と水大さじ2を弱火で鍋をゆすりながら煮つめ、焦げ色がついたら火を止め、1カップの水を少しずつ加えて溶かし、冷やす。
7 グレープフルーツは果肉を適当に切り、水気をきった⑤と器に盛り⑥をかける。

※⑤までは、右ページのわらびもちの作り方と同じなので写真を参考に。

あずき・黒豆

あずきや黒豆を、ゆでたり甘く煮たりしておくと、食後のちょっとしたデザートやおやつになります。私は、豆類はゆで汁ごと冷凍しておいて料理にも使います。豆は新しいもの、あずきは上等な大納言がおすすめ。アクの出ない黒豆の煮方はP183を参照してください。ひよこ豆や白いんげん豆もデザートになりますよ。

好みの甘さにできる、家庭ならではの「あずき」を煮ましょう

あずきは、「渋きり」というアク抜きの手順が必要です。まずあずき300ｇを軽く洗い、たっぷりの水にひと晩つけます。そして「渋切り」をします。「水きりした豆を鍋に入れ、たっぷりの水を注いで中火にかけ、沸騰したら、ざるにあけて煮汁を捨てる」を３回くり返し、プロセス①に進みます。冷凍するときは、あずきをゆで終えた①の段階か、⑥の完成品を煮汁ごと冷凍します。

1

「渋切り」後、鍋に豆を戻し、たっぷりの水を注ぎ中火にかける。沸いたら弱火にし、豆がゆで汁から出ないよう水を足しながら、柔らかくなるまで２～４時間静かにゆでる。

2

別の鍋に氷砂糖300ｇと和三盆糖大さじ４を入れる。あずきの繊細な味を生かすため、くせのない氷砂糖を使用。コクを足すため、和三盆糖を少し加える。

3

砂糖の上に、①のゆでたてのあずきを汁ごと静かに入れる。こうすると氷砂糖が溶けやすい。

4

塩をひとつまみ入れ、約20分、弱火にかけて砂糖を煮溶かす。このとき、決してかき混ぜないこと。

5

砂糖を煮溶かしている間、和三盆糖から出るアクをていねいにすくい取る。

6

砂糖が溶けたら、軽く混ぜる。木の玉じゃくしで、片側に寄せるように混ぜると豆がくずれない。

POINT ⓐ

卵、砂糖、粉に、牛乳を泡立て器でダマができないよう溶き合わせる。

POINT ⓑ

ミニサイズの柔らかいクレープに、あずきや生クリームを挟んで。

ミニクレープ あずきと栗入りクリームで

あずき、栗、生クリーム。どれもクレープにぴったり合います。栗はミニサイズのクレープに包みやすいよう、刻んで生クリームに混ぜておきます。あずきだけ包んだり、両方とも包んだりと、各自が好みでのせ、飽きずにいただけます。お茶を飲みながらおしゃべりもはずみそう。

●材料（直径5〜6㎝のクレープ約16枚分）

〈クレープ〉	
薄力粉	¾カップ
卵	大1個
牛乳	¾カップ
砂糖	大さじ1
ゆであずき	適量
栗の甘露煮（市販品）	6〜7個
生クリーム	200㎖

●作り方

1 クレープ生地を作る。卵と砂糖を混ぜ、薄力粉をふるい入れて、牛乳を入れながら、泡立て器でよく混ぜるⓐ。

2 生地を網でこして軽く混ぜ、30分ほどおく。

3 生クリームを七〜八分に泡立て、栗の甘露煮を刻んで加える。

4 フライパンを熱して、②を大さじ1ずつ流してスプーンの腹で丸くのばし、両面焼く。鉄のフライパンの場合はサラダ油（材料外）を薄くひいてから焼く。

5 クレープに、好みの量の③とゆであずきをのせ、挟んでいただくⓑ。

熱々そばだんごとあずきと抹茶アイスのおやつ

そば粉は、そばがきやガレットなど、和洋に気軽に使えます。こんなふうにそばだんごにして、あずきと合わせると日本の素朴なおやつに。冷たい抹茶アイスとの温度差を楽しむために、そばだんごは熱い湯の中に入れて、テーブルに出しましょう。それぞれ好きなだけ自分の器に。

POINT a

いかにも日本らしい素材ばかりだが、斬新な味の組み合わせ。

POINT b

そばだんごは熱々を保つため、熱い湯を張った大鉢に入れて出す。

●材料（４人分）

そば粉	100ｇ
熱湯	適量
ゆであずき（Ｐ180参照）	適量
抹茶アイス（市販品）	適量

●作り方

1 そばだんごを作る。ボウルにそば粉を入れ、熱湯を少しずつ加え、箸でかき混ぜ、だんご状にまとめられるくらいのかたさにする。湯を加えすぎないように。

2 ①をひと口大のだんご状に丸め、熱湯に入れて１分くらいゆでる。

3 ②のそばだんごは、熱い湯を張った大鉢に入れた状態で出すb。ゆであずきも別鉢に盛る。

4 熱いそばだんご、ゆであずき、冷たい抹茶アイスを、各自好みの量を器に盛りつけていただく。

POINT a

黒豆そのものの味を楽しむので、品質のいいものを選んで。

POINT b

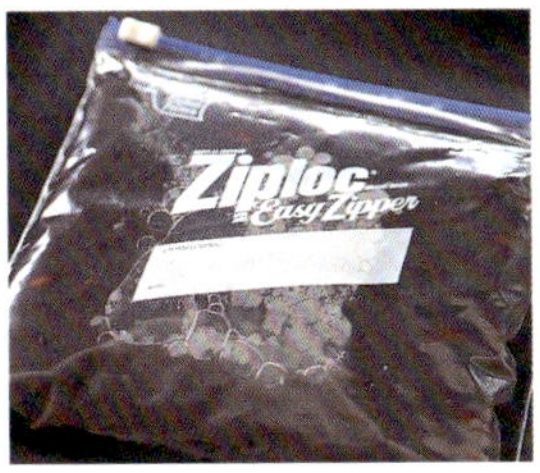

残った黒豆は、ゆで汁ごと保存袋に入れ、冷凍する。

黒豆の和三盆がけ

お正月用に毎年、丹波から新豆を取り寄せます。半分はおせちの黒豆に、残りはゆでて、どちらも12月の早いうちに冷凍します。サラダや煮込みには歯ごたえを残しますが、おせちやデザートには柔らかめに煮ます。和三盆の甘さはとても上品。たっぷりかけても甘すぎません。

●材料

黒豆	適量
和三盆糖	適量

●作り方

1 鍋で、黒豆をたっぷりの水にひと晩つける。
2 つけた水ごと火にかけ、豆の上に水が４～５㎝かぶった状態でゆではじめる。
3 煮立ったらアクを取り、豆がゆで汁から出ないよう水を足しながら、弱火で静かにゆでる。新豆なら、厚手の鍋で１時間くらい。ごく柔らかくしたいときは２～３時間が目安。
4 軽くゆで汁をきった黒豆に、和三盆糖をまぶす。割合は黒豆１カップに対して、大さじ４～５が目安。めいめい好みの量をかけながらいただいてもよい。

Part 8

食後に、ちょっと小腹がすいたときに

中国風点心とすっきりデザート

お菓子といえば洋風のものが多いのですが、たまには気分を変えて、中国風の点心やデザートはいかがですか？　人が集まったときなどにも、オリエンタルな感じが新鮮で、楽しんでもらえます。

肉まんじゅうや花巻き、大根もちなどの点心は、小腹がすいたときのスナックとしてもおすすめ。お気に入りの香りの中国茶と一緒にいただくと、おうちで飲茶の気分も味わえます。

杏仁豆腐や豆腐としょうがのシロップは、口当たりのさっぱりした軽いデザート。杏仁豆腐は日本でもおなじみですが、杏仁霜を使ってちゃんと作ると、香りのよさが違います。お好みのフルーツとともにどうぞ。豆腐としょうがのシロップは、以前ベトナムのダラットに行ったときに食べて、すっかり気に入ったもの。日本では普通の絹ごし豆腐を使って、さささっと簡単に作れます。しょうがシロップの味は、お好みの甘さにしてください。

市販の春巻きの皮を活用して、中国風のお菓子を作ることもできます。細長くスティック状に巻いて、中にりんごなどを入れたり、皮そのものを揚げてパリパリのおつまみにしてもおいしいですね。

POINT ⓐ

クコの実は柔らかくなるまで、ほの甘い砂糖水にひたして戻す。

POINT ⓑ

シロップの砂糖が溶けたら、火を止めてしょうがのすりおろしを加える。

豆腐としょうがのシロップ

豆腐に温かいしょうが風味のシロップをかける、ベトナム風のデザートです。豆腐には甘みがないのでさっぱりといただけて、しょうがの働きで体が温まります。シロップの甘さはお好みで。甘いのが好きな方は、上白糖を少し増やしてもよいです。シロップを冷やして、冷たいのもおいしい。

●材料（5～6人分）

豆腐（絹ごし）		1丁
クコの実		適量
A	上白糖	大さじ1
	水	½カップ
〈シロップ〉		
	上白糖	1カップ
	水	1½カップ
しょうがのすりおろし		大さじ1

●作り方

1 Aの材料を混ぜ合わせ、クコの実をひたして柔らかくするⓐ。
2 シロップの材料を鍋に入れて温め、上白糖を溶かす。火を止めて、しょうがのすりおろしを加えて混ぜるⓑ。
3 豆腐を食べやすい大きさに切って器に盛り、①のクコの実をのせ、②のしょうがシロップをかける。

POINT ⓐ

加熱する前にこす。杏仁霜のダマを取り除き、泡が立つのも防げる。

POINT ⓑ

杏仁霜は溶けにくいので、鍋底をこするようにしながらよく混ぜる。

杏仁豆腐

この杏仁豆腐のレシピは、作ってすぐに食べる場合のかたさになっています。寒天を使うデザートは、冷蔵庫に入れておくとかたくなってしまうので、時間をおく場合は寒天の分量を減らしてください。鍋に入れるとき、杏仁霜のダマを取るのと、泡が立つのを防ぐため、こすのがコツ。

●材料（3～4人分）

杏仁霜	大さじ2
上白糖	大さじ3
粉寒天	小さじ$\frac{2}{3}$～1
牛乳	2カップ
〈シロップ〉	
上白糖	$\frac{2}{3}$カップ
水	1$\frac{1}{2}$カップ
メロンなど好みのフルーツ	適量

●作り方

1 ボウルに杏仁霜、上白糖、粉寒天を入れ、へらでよく混ぜる。牛乳を少しずつ加えて、よく混ぜ合わせる。

2 ①を鍋にこして入れⓐ、弱めの中火にかける。へらで鍋底をこするようにしながら、ていねいにゆっくりと混ぜるⓑ。湯気が立ってきたら弱火にし、杏仁霜や粉寒天、上白糖が完全に溶けたら火から下ろす。

3 バットなどにこして入れ、バットごと氷水につけて冷やし固める。

4 シロップの材料を鍋で煮立てて上白糖を溶かし、粗熱を取って冷やす。

5 メロンを食べやすい大きさにスプーンですくう。

6 ③の杏仁豆腐をすくって器に盛り、⑤のメロンを添えて、④のシロップをかける。

POINT ⓐ

ボウルの中でよくこね、耳たぶくらいの柔らかさで表面がなめらかになったら、表面を整えながら丸め、ラップをして30分休ませる。

POINT ⓑ

生地は周囲をのばし、中央は厚みを残すようにする。こうすると具が中心に収まりやすい。

POINT ⓒ

具をのせたら親指で軽く押さえ、もう片方の親指と人さし指で、生地をつまんで包む。

肉まんじゅう

家で、熱々、ふかふかの肉まんができたらうれしいでしょう？　自分で作れば、味も素材も安心です。化学調味料の味の強い肉まんが多いですから。これは、ベーキングパウダーを使う手軽にできるレシピです。蒸したてをぜひ、味わってみてください。

●材料（6個分）

薄力粉	300g
ベーキングパウダー	小さじ3強
砂糖	30g
ぬるま湯（40℃くらい）	約150mℓ
〈具〉	
豚ひき肉	50g
干ししいたけ（戻してみじん切り）	3個分
長ねぎのみじん切り	10cm分
ごま油	小さじ2
片栗粉・酒	各小さじ1
砂糖	ひとつまみ
塩・こしょう	各適量
薄力粉（打ち粉用）	適量
からし・酢・しょうゆ	各適量

●作り方

1 薄力粉とベーキングパウダー、砂糖をよく混ぜてボウルにふるい入れ、湯を少しずつ加えて混ぜていく。
2 生地が耳たぶくらいの柔らかさで、表面がなめらかになるまでよくこねる。
3 手で表面をなめらかに整えながら丸くまとめⓐ、ラップに包み、30分ほど休ませる。
4 具の材料を全部ボウルに入れて混ぜ合わせ、6等分する。
5 ③の生地も6等分し、軽く打ち粉をして、直径8cmくらいの円形にのばすⓑ。
6 手のひらに⑤をのせて中央に④の具を置く。生地の縁をつまみ、ヒダを寄せるようにして口を閉じるⓒ。
7 ⑥を台にのせて両方の手のひらで軽く挟んで回し、高さを出す。
8 クッキングシートか竹の皮の上に⑦をのせ、蒸気の上がった蒸し器で約20分蒸す。
9 からし酢じょうゆなどでいただく。

あさつき入り花巻き

中国の食事パン、花巻き。肉まんの皮とほとんど同じ、ふんわり柔らかで、ほんのり甘い生地です。中に何も入れない花巻きが多いですが、これはごま油とあさつきを散らして色と香りをプラス。成形の仕方にもワザがあり、覚えておくとちょっと自慢できます。

POINT ⓐ

生地に、縦に深さ2㎝ほどの切り込みを2本入れ、手水をつけて切り口を広げながら生地を押しのばす。

POINT ⓑ

長方形にのばした生地にごま油をぬってあさつきを散らし、手前からクルクルと巻いていく。

POINT ⓒ

片端を1.5㎝ほど残して縦に切り込みを入れ、切り口が外側に向くよう、ひねるように開く。

POINT ⓓ

ひねった両端を交差させながら、向こう側に折り込む。太いひもをゆるく結ぶような感じで。

●材料（6個分）

薄力粉	300g
ベーキングパウダー	小さじ3⅓
砂糖	30g
ぬるま湯（40℃くらい）	約150㎖
ごま油	大さじ3～4
あさつきの小口切り	4～5本分
薄力粉（打ち粉用）	適量

●作り方

1 薄力粉とベーキングパウダー、砂糖をよく混ぜてボウルにふるい入れ、湯を少しずつ加えて混ぜていく。
2 生地が耳たぶくらいの柔らかさで、表面がなめらかになるまでよくこねる。
3 手で表面をなめらかに整えながら丸くまとめ、ラップに包み、30分ほど休ませる。
4 打ち粉をした台に③を置き、ラグビーボール形にする。縦に深さ2㎝ほどの切り込みを2本入れて手水をつけながら切り口を広げⓐ、全体が2㎝の厚さになるように押しのばす。これを手前から巻いて、またラグビーボール形に成形する。以上の作業をさらに2回くり返す。
5 ④の生地を3等分し、12×23㎝くらいの長方形にのばす。
6 これを横長に置いて、⅓量のごま油をぬり、あさつきを全体に散らして手前から巻くⓑ。
7 ⑥を半分の長さに切る。片端1.5㎝を残して縦に切り込みを入れて、切り口が外側に向くようひねるように開くⓒ。
8 ひねった両端を交差させて向こう側に折り込み成形するⓓ。
9 残りも同様に成形する。
10 クッキングシートか竹の皮の上に⑨をのせ、蒸気の上がった蒸し器で約15分蒸す。

里いもの揚げだんご

蒸してつぶした里いもを練り込んで皮を作り、ひき肉のあんを包んで揚げてあります。表面はカリッと香ばしく、中は里いもの味がそのまま残った、いくぶんねっとりとお餅のような柔らかな口当たり。ちょっと珍しくもあり、つい、手が出ます。

白ごまの揚げだんご

数えきれないほどある甘い点心類の中で、この白玉粉を使ったごまだんごのお菓子はとても作りやすく、しかも人気があります。練りごまを入れたあんは、あんだけで作るより、甘みはあっさりしていますが、コクがあります。揚げたての熱々をどうぞ。

大根もち

もっちりとした口当たりと弾力で人気の高い点心。もち米が原料の白玉粉とうるち米が原料の上新粉を混ぜて作ります。蒸したり焼いたりと手間はかかりますが、蒸してから切り分けて冷凍可能です。蒸したての熱々は、焼かずにからしじょうゆで食べてもおいしい。

大根パイ

パリッと香ばしい皮の中に、しっとり炒めた大根や長ねぎ、干しエビのうまみがジュワッ。これも大人気の点心です。おやつにも、軽いお昼にもなります。低い温度の油に入れて、ゆっくりと、薄く色づくまで揚げるのが、パリッと揚がるコツです。

白ごまの揚げだんご

POINT ⓐ

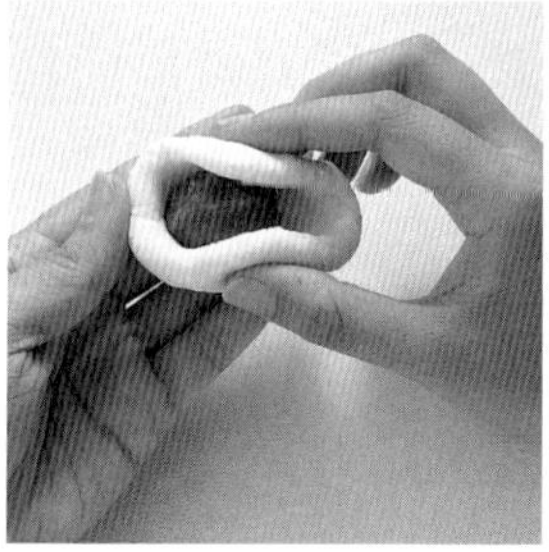

のばした皮の中央をくぼませてあんを入れ、口をしっかり閉じて丸める。

POINT ⓑ

ごまの上で転がして全体にたっぷりつけ、軽く押さえて落ち着かせる。

●材料(8個分)

白玉粉	150g
砂糖	30g
ぬるま湯	¾カップ弱
〈あん〉	
こしあん	80g
練りごま	40g
白いりごま・揚げ油	各適量

●作り方

1 白玉粉と砂糖をボウルに入れて混ぜ、ぬるま湯を加えながら箸で混ぜたあと、手でこねて耳たぶくらいの柔らかさに仕上げる。
2 手で表面をきれいに整えながら丸くまとめ、ラップで包み、30分ほど休ませる。
3 こしあんと練りごまを混ぜ、8等分にして丸める。
4 ②の生地を棒状にし、8等分に切り分ける。直径6㎝くらいの円形に手でのばして中央をくぼませ、この中に③のあんを入れて包み、形を丸く整えるⓐ。
5 蒸し器にぬらしたふきんかクッキングシートを敷いて④のだんごを並べ、強火で12〜13分蒸す。
6 バットなどに白いりごまを広げ、⑤のだんごを転がし、全体にごまをつけて軽く丸めるⓑ。
7 ⑥のだんごを150℃の油に入れ、弱火でゆっくり揚げる。

※低めの油でじっくり揚げるのがコツ。穴があきやすいので、だんごが浮き上がってくるまでは、触らないこと。

里いもの揚げだんご

POINT ⓐ

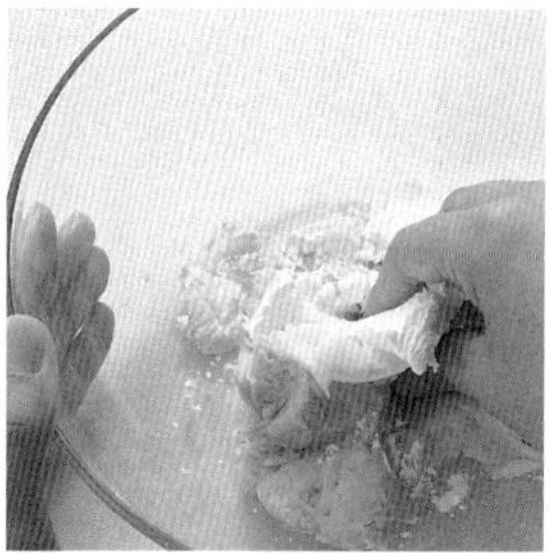

つぶした里いもに浮き粉とラードを加え、手で全体をよく混ぜ合わせる。

POINT ⓑ

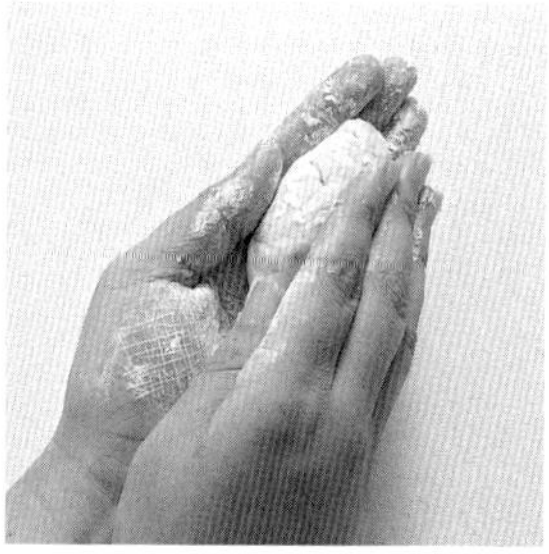

ひき肉のあんを包んで口をしっかり閉じ、両手で紡錘形に整える。

●材料(4個分)

〈皮〉	
里いも	4個
浮き粉	大さじ3
ラード	大さじ2
〈肉あん〉	
豚ひき肉	50g
長ねぎのみじん切り	大さじ1
しょうがのみじん切り	小さじ1
酒・しょうゆ・塩・こしょう	各少々
揚げ油	適量

●作り方

1 里いもはきれいに洗って、皮ごと柔らかく蒸して、熱いうちに手で皮をむいてつぶす。
2 ①の里いもに浮き粉とラードを加え、手でよく混ぜるⓐ。
3 別のボウルに肉あんの材料をすべて入れ、手でよく練り混ぜる。4等分にし、細長く丸めておく。
4 ②を4等分して手で楕円形にのばし、③の肉あんをのせて包み、口をしっかり閉じて紡錘形に整えるⓑ。
5 揚げ油を170℃に熱して④のだんごを入れ、全体がきつね色になるまで弱火でゆっくりと揚げる。
6 そのままでもいいが、好みでからしじょうゆをつける。

※揚げ油の温度が高すぎたり、色づいてからいつまでも揚げているとパンクするので注意。
※浮き粉は小麦粉のデンプン質を精製した粉。中華点心でよく使われる。弾力があってお餅のようなのびがある。

大根パイ

POINTⓐ

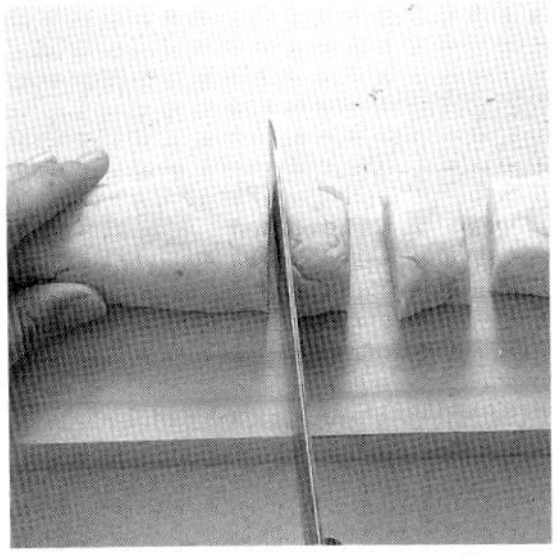

耳たぶくらいの柔らかさにして休ませたあと、棒状にまとめ8等分に切る。

POINTⓑ

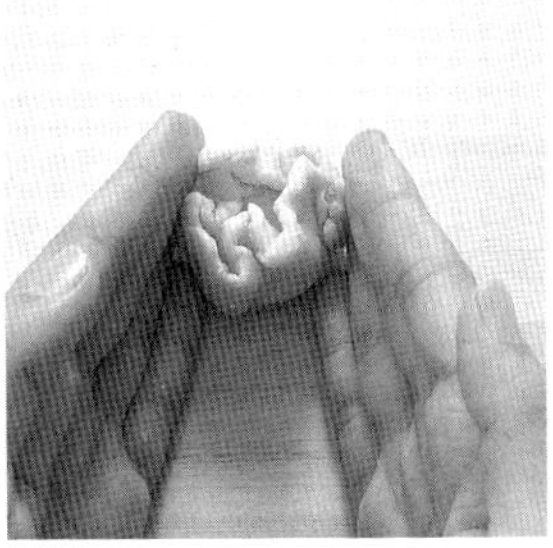

具をのせて包み、回しながら形を整え、口を閉じて上から軽く押さえる。

●材料（8個分）

〈パイ生地〉		
	強力粉	1½カップ
	ラード	大さじ2
	水	¼カップ弱
〈具〉		
	大根	200g
	長ねぎ	½本
	干しエビ	大さじ2
	ごま油	大さじ1
	砂糖	小さじ½
	塩	小さじ1⅓
	こしょう	適量
白ごま・揚げ油		各適量

●作り方

1 パイ生地を作る。強力粉、ラードを指ですり合わせ、サラサラになったら水を少しずつ加えながら合わせ、耳たぶくらいの柔らかさになるようにする。ぬれぶきんをかけ、30分ほど休ませる。

2 大根100gは皮をむいてマッチ棒くらいの大きさに切り、塩小さじ⅔をふる。

3 具を作る。長ねぎ、干しエビは細かく刻んでごま油で炒める。香りが出たら、②の大根の水気をしっかり絞ってしんなりするまで炒め合わせ、砂糖、塩小さじ⅔、こしょうで調味し、冷ます。

4 ①の生地を棒状にまとめ、8等分に切るⓐ。手のひらで直径4～5cmの円形で外側を薄めにのばす。

5 ③の具を包み、回しながら形を整え、口を閉じて上から軽く押さえるⓑ。

6 上面に白ごまをしっかりつけ、150℃くらいに熱した油に入れ、ゆっくりと薄く色づくまで揚げる。

大根もち

POINTⓐ

白玉粉と上新粉の生地を合わせたところに、炒めた具を加え、よくこねる。

POINTⓑ

薄く油をぬった流し缶に入れ、空気が入らないようにきっちり詰めて平らに。

●材料（19×19cmの流し缶1台分）

大根		400g
干しエビのみじん切り		30g
ベーコンの細めせん切り		100g
（または中国ハム）		
あさつきの小口切り		5～6本分
A	白玉粉	120g
	水	120～140mℓ
B	上新粉	240g
	ぬるま湯	170～180mℓ
C	ラード	大さじ1
	砂糖	小さじ½
	塩	小さじ½～1
塩・こしょう・サラダ油		各適量

●作り方

1 大根は皮をむいて太めのせん切りにし、強めに塩をふってしんなりさせ、さっと洗って水気をよく絞る。

2 サラダ油大さじ2で干しエビを香ばしく炒め、続いてベーコン、①の大根の順に加えて炒め合わせ、味をみて塩、こしょう各少々をふり、あさつきを加えてひと炒めする。

3 AとBはそれぞれ水分を少しずつ加えながら耳たぶくらいの柔らかさになるまでこね、両方を合わせてさらになめらかになるまでよくこねる。ラップをして30分休ませる。

4 ③の生地に②の炒めた具とCを入れ、こしょう少々を加えてよくこねⓐ、薄く油をぬった流し缶に入れるⓑ。

5 蒸気の上がった蒸し器で1時間蒸して、冷ます。

6 ⑤を3等分に切って1.5cm幅に切り、油をひいたフライパンで両面焼く。からしじょうゆでいただく。

※流し缶がなければ、生地を2～3つに分け、3重にしたラップに薄く油をぬって円筒形に包み、両端をしっかりねじり、輪ゴムで留めて蒸す。

春巻きやギョーザの皮を使って

シナモン
パンプキン春巻き

かぼちゃの甘みにシナモンパウダーをプラスしただけのかぼちゃあん。春巻きの皮で細長く巻いて揚げ、最後にグラニュー糖をふったおやつです。シナモンの代わりにこしょうを入れ、揚げてから塩をふれば、ビールのおつまみに。ホクホクのかぼちゃで作ります。

バナナ入り
揚げ春巻き

カリッと揚がった皮の香ばしさと、火が入ってねっとりしたバナナ、温かいあんこの組み合わせが三位一体となったおいしい簡単おやつ。食感の違いもおいしさです。熱々の揚げたてが最高。冷めたら、オーブントースターで温めてください。

カッテージチーズ入り揚げギョーザ

カリッと揚がったギョーザの中身は、口当たりなめらか、さっぱりした酸味のカッテージチーズと、果物やナッツです。ギョーザの皮とは思えない仕上がり。揚げたてに粉糖をたっぷりかけて。中身によっては粉糖の代わりに軽く塩をふっても。お酒のつまみにもなります。

りんご包み焼きとパイ風スティック

この２種はオーブントースターで焼くだけなので、ほんとうに簡単にでき、あっさりと食べられます。りんごでなくても、煮たものや水分の少ない果物ならなんでもOK。揚げればまた違った風味が楽しめます。そのときは、揚げてからグラニュー糖をふってください。

バナナ入り揚げ春巻き

POINT ⓐ

揚げているときにくずれないよう、春巻きの皮の端をのりでしっかりつける。

POINT ⓑ

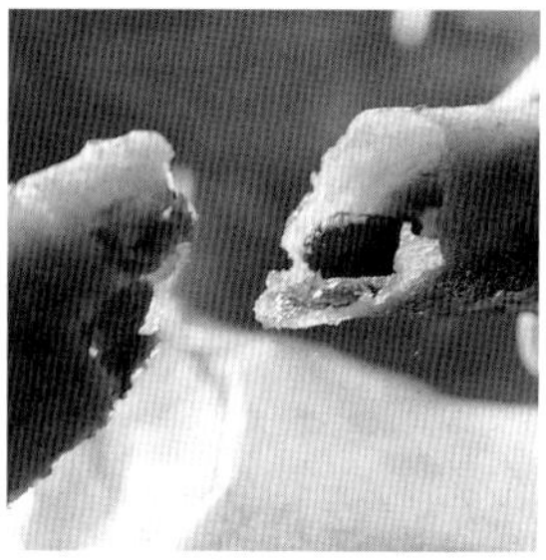

パリッとした皮の中身は柔らかいバナナとあんこ。食感の差もおいしさ。

●材料（4本分）

春巻きの皮（四角形）	2枚
バナナ	1本
こしあん（または粒あん）	⅓カップ
小麦粉のり（薄力粉を水より少し多めにして練る）	適量
揚げ油	適量

●作り方

1 春巻きの皮は長方形になるように半分に切る。バナナは縦に4つ割りにする。春巻きの皮にあんを細長くのせて、バナナを置くⓐ。

2 皮を巻いて、小麦粉のりでしっかり端をくっつけて、両端をねじる。のりしろ部分は広めにとっておく。170～180℃の油でカリッと揚げる。

シナモンパンプキン春巻き

POINT ⓐ

電子レンジでかぼちゃを加熱。ペーパータオルは水分を吸い取る役目。

POINT ⓑ

三角形の辺に沿ってかぼちゃあんを置く。棒状に巻き、両端をねじる。

●材料（10本分）

春巻きの皮（四角形）	5枚
かぼちゃ	¼個
シナモンパウダー	少々
小麦粉のり（薄力粉を水より少し多めにして練る）	適量
揚げ油	適量
〈仕上げ用〉	
シナモンパウダー	少々
グラニュー糖	少々

●作り方

1 かぼちゃはワタと種を取り除き、皮をむいて厚さ5㎜くらいのくし形に切る。

2 ペーパータオルを耐熱容器に敷く。上に①のかぼちゃを重ならないように並べてのせ、ラップをかけて電子レンジで約7分加熱するⓐ。または普通に蒸し器で蒸す。

3 ②をフォークなどでつぶし、シナモンパウダーをふり混ぜる。

4 春巻きの皮を三角形になるように半分に切る。

5 ④の春巻きの皮を、三角形の底辺が手前になるように置く。③のかぼちゃを棒状にのせて手前からクルクルと巻き、小麦粉のりで巻き終わりをしっかりと留める。両端は、キャンディを包む要領でクルリとねじっておくⓑ。

6 箸を入れて少し泡が立つくらいの低めの油（160℃くらい）に⑤を入れ、皮の表面が茶色になるまでカラリと揚げて油をきり、シナモンパウダーとグラニュー糖をふる。

※ホクホクのかぼちゃを使う。

りんご包み焼きと パイ風スティック

POINT ⓐ

中に入れる果物は煮たものか、水分の少ないものを。のりをしっかり。

POINT ⓑ

皮にバターをぬり、グラニュー糖をふり、ゆるく巻いてのりで留める。

りんご包み焼き

●材料（16個分）

春巻きの皮	4枚
りんご	1個
砂糖	大さじ1
レモン汁	大さじ1
バター・グラニュー糖	各適量
小麦粉のり（薄力粉を水より少し多めにして練る）	適量

●作り方

1 りんごをいちょう切りにし、砂糖、レモン汁を加えて煮る。
2 春巻きの皮は4等分に切る。バターをぬり、①のりんごを包み、小麦粉のりで留めるⓐ。上からグラニュー糖をふってオーブントースターで色づくまで焼く。

パイ風スティック

●材料（4本分）

春巻きの皮	4枚
バター・グラニュー糖	各適量
小麦粉のり（薄力粉を水より少し多めにして練る）	適量

●作り方

1 春巻の皮にバターをぬり、グラニュー糖をふってゆるく巻き、小麦粉のりで留めるⓑ。
2 巻き終わったらさらに表面にバターをぬり、グラニュー糖をふって、オーブントースターで色づくまでカリッと焼く。

カッテージチーズ入り 揚げギョーザ

POINT

カッテージチーズと好みの具は少量ずつのせ、ヒダを粗く寄せて小さめに包む。

●材料（24個分）

ギョーザの皮	24枚
カッテージチーズ	130g
りんごやバナナ、レーズン、ナッツ、ジャムなど	各適量
揚げ油・粉糖	各適量
あればミントの葉	適量

●作り方

1 カッテージチーズは細かくほぐし、ペーパータオルなどにのせてしばらくおき、水気を取る。
2 ギョーザの皮に①のカッテージチーズと好みの具を少量ずつのせ、ヒダを粗く寄せて、まわりに水をつけて小さめに包む。
3 揚げ油を170～180℃に熱し、②を入れてきつね色になるまで揚げる。油はね防止用のネットで、水気のはねを防止するとよい。
4 揚げたてに粉糖をたっぷりかけ、あればミントの葉をのせる。

お菓子作りに必要な道具類

道具類はとても大事です。
でも、専用のものがいるわけでもありません。
日ごろ使っているものを上手に利用して、
おいしいおやつを作ってください。

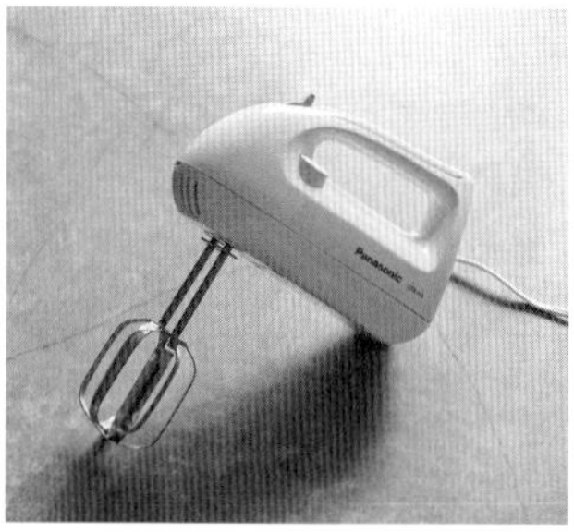

ハンドミキサー

卵の泡立てには欠かせません。卵白を泡立てたり、全卵を泡立てたりするときは、速度が変えられるタイプのものを。卵は最初は高速で、最後は低速にすると、きめ細かくかたく泡立ちます。

フードプロセッサー

あると便利。パンをこねるとき、最初にまとまるまではフードプロセッサーを使うとラクです。バターと粉を素早く混ぜたいパイを作るときにも。材料を次々と投入できるのも便利です。

めん棒と台

生地をのばし、形作ったり、薄くのばして皮を作ったりと、めん棒は必需品。台は大きめのものがあると便利(42×56cm)。大きいまな板でも代用できます。パンやピッツァの生地をこねるときにも。

デジタルスケール

お菓子やパン作りに欠かせないのがデジタルのはかり。これは2000ｇまで、１ｇ単位ではかれます。風袋引き機能がついているのも便利です。ボウルの分を引けたり、どんどん足しばかりができます。

天板

薄いスポンジケーキを焼くときには、大きすぎず、小さすぎずの、24cm四方ほどの天板があると便利です。大きな天板の上にのせて使います。ロールケーキにもちょうどよい大きさです。

ステンレスのボウルとざる

泡立てたり、混ぜたり、こねたり、時には火にかけたり。ざるは粉をふるったり、こしたり。ボウルやざるはどんなお菓子にも必要です。大、中、小と大きさの違う、丈夫なステンレス製を用意しましょう。

パウンド型

パウンドケーキを焼くときの型。高さがあるので、中に何かを混ぜて焼くときにも。切ると焼き面が少なく、断面が大きくなるので、食感が柔らかく感じられ、また中に入れたものがきれいに見えます。

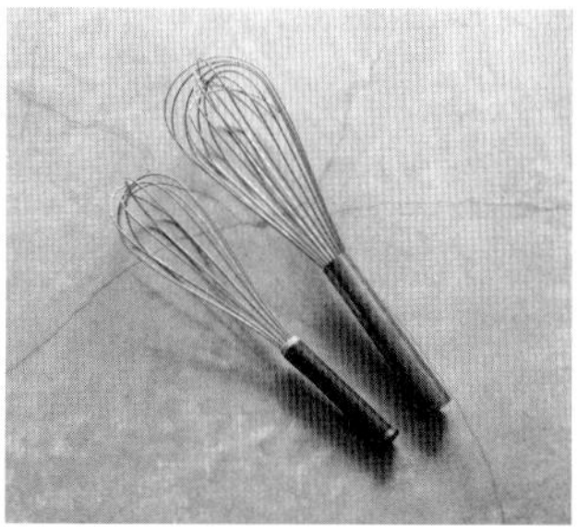

泡立て器

ワイヤーの多いものは、クリームを泡立てるときに。少ないものは、材料を混ぜたり、メレンゲと生地を合わせるときに。量が多いときなど、ボウルの底からすくい上げるようにするとうまく混ざります。

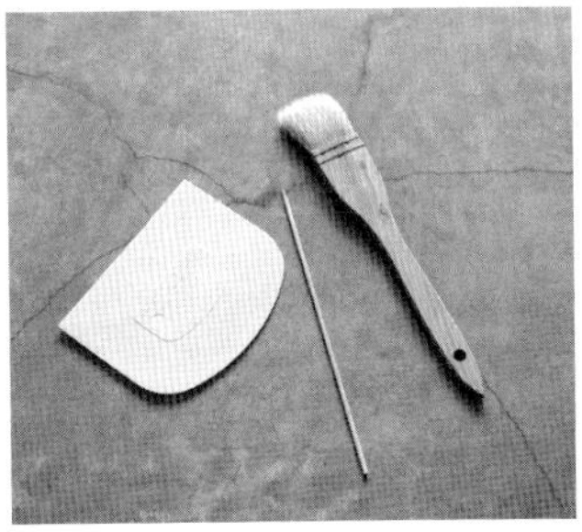

ハケ、竹串、カード

卵黄をぬったり、ソースをぬったりするハケ。竹串は焼き上がりを確認するときに。カードは、パイやスコーンなど、バターを溶かさないように粉と合わせたいとき、生地を切り分けるときなどの必需品。

オーブンペーパー

ケーキの生地を焼くときには型に合わせてオーブンペーパーを切って敷きます。クッキーやパンなども天板に敷いて焼けば油をひく必要がなく、くっつかず、天板を洗うのもラク。蒸しものにも。

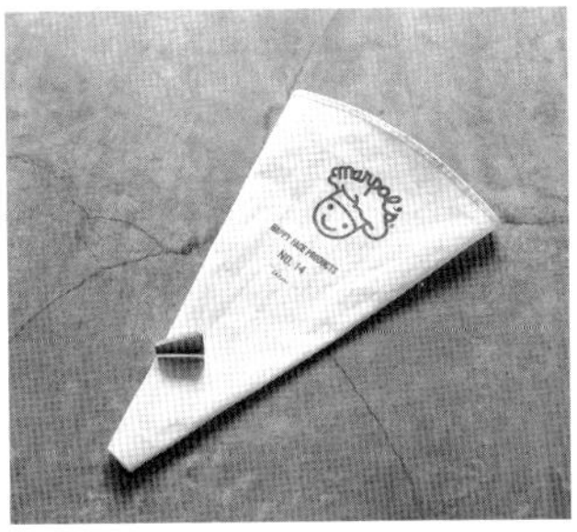

絞り出し袋

メレンゲを焼くとき、シュー生地を焼くとき、また、シュー生地にカスタードクリームを注入するときなどに使います。クリームでケーキをデコレーションするときには、口金をいろいろ替えて使います。

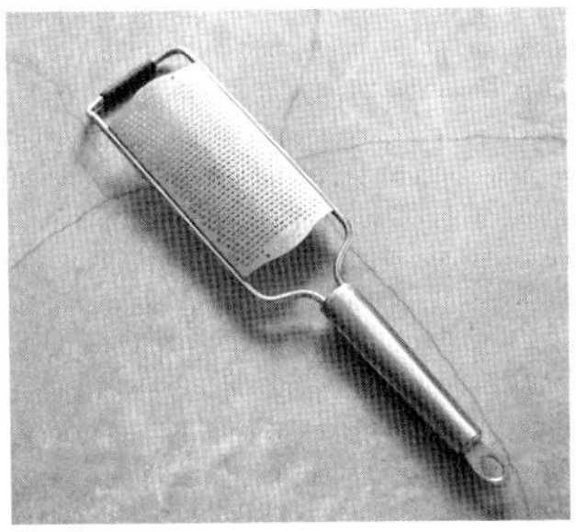

グレーター

ケーキの生地やクリームにレモンの皮をすりおろしたいとき、フルーツにレモンの皮を合わせたいときに。細かくおろせ、材料に直接ふり入れられるので、タイプは違ってもひとつあると便利。

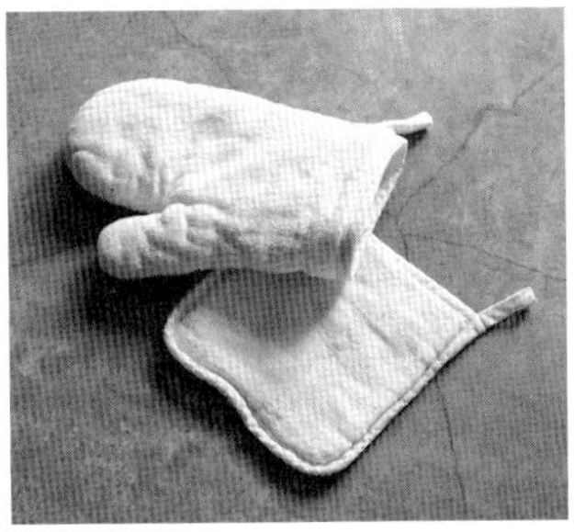

オーブンミトン

オーブンを使うときには絶対に必要です。天板はかなり熱くなるので、しっかりした厚手のものを。ミトンだけでなく、手にはめないタイプもあると小回りがきき、より便利です。せいろを使うときにも。

バットとざる

深さのあるステンレスバットは、お菓子作りの天板としても大活躍。薄焼きスポンジや、トッピングをたくさんのせたいケーキの型になります。ゼリー型にもなり、また、ゼリーや寒天を冷やすときにも便利。

ざるの使い方

料理の水きりや油きりとして使うざるですが、裏返してこんなふうに使えば、ケーキクーラーの代わりになります。少量しか作らない、お菓子専用の道具はできるだけ少なくしたいという方にはおすすめ。

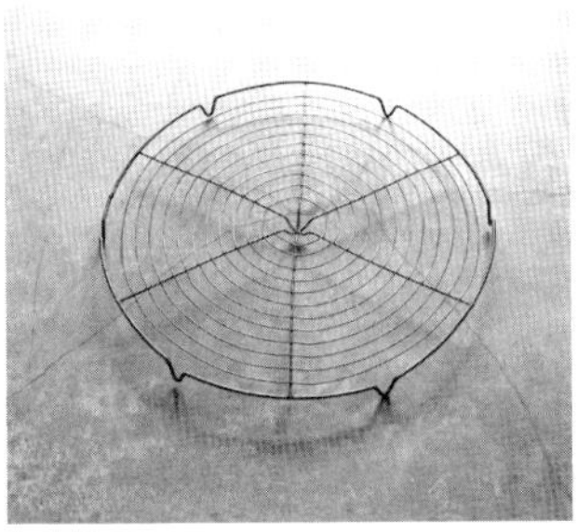

ケーキクーラー

大きめのケーキや、たくさんのクッキーやパンを焼くときには、クーラーも大きめが必要(これは直径33cm)。もう何十年も使っていてアンティークのよう。上にお菓子が並んでいる様子はとてもきれい。

へら類

一番よく使うのはシリコン製のへら。生地を混ぜたり、また熱にも強く多用途に使えます。スコップ形やスパチュラも便利。適度に弾力のある丈夫なものを。木べらはシュー生地作りには欠かせません。

金属へら

焼き上がったクッキーをクーラーに移すとき、鉄のフライパンでパンケーキを焼くときなど、柔らかい生地を扱うには角度のある金属のへらが必要です。よくしなるものがおすすめです。

epilogue

あとがき

お料理と同じで、お菓子も素材がとても大切です。

「いいにおい！」と、特に感じるのはバターの香りです。バターのおいしさ、またはオリーブオイルのおいしさは、お菓子の味を大きく左右します。油脂はおいしい香りのもとですから、上質な油脂を使うことをおすすめします。これはホームメードならではのぜいたくかもしれません。

卵や粉は新鮮なものを使いましょう。賞味期限のチェックも忘れずにしましょう。卵は生きているものですから大小があります。大と小ではかなりの差があります。この本では中くらいを基準としていますので、加減をしてお使いください。

粉もいろいろです。ここでは一般的な粉を使用していますが、白い粉より全粒粉をお好みならば、パンやチャパティなどに使うと独特の甘みがあります。特にイースト不使用のパンを作ると、全粒粉の味がよくわかります。

砂糖はいろいろな種類が手に入るようになりました。この本ではわかりやすいように一般的なグラニュー糖、上白糖などと表記していますが、お好みの砂糖をお使いいただいて大丈夫です。私は和三盆糖やメープルシュガーを好んで使いますので、表記より少し多めに入れることもあります。家庭のお菓子は、甘みや油脂を控えたり、増やしたり、食べる人の好みでレシピを変えてよいのです。

　うちのおやつタイムのお菓子が、食べる楽しみばかりでなく、皆さまにとって、よい時間を過ごすご参考になれば、うれしい限りです。

　この本を作るにあたり、たくさんの方々のお世話になりました。編集の津川洋子さん、ブックデザインの藤村雅史さん、竹内章雄さんはじめ大勢のカメラマンの方々、スタイリストの千葉美枝子さん、ライターの海出正子さん、北村美香さん、そして、この本に関わってくださいましたすべての皆さま、本当にありがとうございました。

index
索引

profile

有元葉子(ありもと ようこ)

３人の娘を育てるかたわら、創刊まもない「LEE」(集英社)で、
料理家としてのキャリアを歩み始める。
現在は、日本、ロンドン、イタリアを行き来しながら、
「éclat」「LEE」(ともに集英社)をはじめ、
女性誌を中心とした雑誌、新聞、テレビ、教室、
商品の企画開発、企業へのレシピ提供など幅広く活躍。
家庭料理の分野では、和洋を問わず、
独自の世界観を展開し、味のよさ、料理の美しさで
絶大な人気を得ている。暮らしに対する目の確かさ、
インテリアのセンスのよさに惹かれるファンも多い。
「グルマン世界料理本大賞」食の紀行部門で
グランプリ受賞。著書多数。
『決定版253レシピ ようこそ、私のキッチンへ』(集英社)が
大好評発売中。男女年齢を問わず支持されている。

デザイン／藤村雅史（藤村デザイン事務所）
撮影／竹内章雄
スタイリング／千葉美枝子（P13 ～ 101、113、123 ～ 133、138 ～ 143 ほか）
編集協力／海出正子　北村美香

写真提供／
青山紀子、安東紀夫、榎本修、岡本真直、小泉佳春、中里一曉、
中野博安、長嶺輝明、山本正樹、渡邉文彦（50 音順）

決定版 127 レシピ
おやつの時間にようこそ

発行日　2012 年 6 月 12 日　第 1 刷発行

著者　有元葉子

発行人　大久保徹也
発行所　株式会社　集英社
〒 101-8050　東京都千代田区一ツ橋 2-5-10
編集部　03-3230-6250
販売部　03-3230-6393
読者係　03-3230-6080
印刷　大日本印刷株式会社
製本　加藤製本株式会社

ISBN978-4-08-333125-1　C2077
定価はカバーに表示してあります。